Kiesweg
GI-
Wieseck
0
500
1000 m
Karte: A. Bengsch
Lichtenauer
Straße
Möserstr.
Alten-Busecker-Str.
Michaelskirche
Wieseck
Marburger
Graben-
str.
Weg
Kornblumenstr.
Gießener Str.
M.-Mendel-Weg
L.-Richter-Str.
485
secker Weg
Philosophenstr.
Kapitel 8
Ursulum
Am Alten Flughafen
Wieseck
Eichgärtenallee
Gewerbegebiet
Udersberg-
straße
ltpark
Teich
Kapitel 7
Philosophen-
wald
GI-
Ursulum
Rud.-Diesel-Str.
Stolzenmorgen
Gewerbe-
gebiet
Heyerweg
Rödgener Straße
Jahnstr.
49
Clevelandstr.
Monroestr.
Udersbergstr.
Fröbel-
str.
erger Straße
GI-Grün-
berger Str.
Grünberger Straße
49
Kugelberg
Rabenweg
Anneröder Weg
Alter Steinbacher Weg
Anneröder
Siedlung
Europastr.
Licher Str.
GI-
Licher Str.
Kapitel 12
Hohe
Warte
Universität
Vitos Klinik
Kreis-
verwaltung
Kapitel 4
An der Automeile
Europa-
viertel
Gewerbe-
gebiet
Universität
Rathenaustr.
TÜV
457
Europastr.
485
hiffenberger Tal
Licher Straße
Pistorstr.
Klingelbach
GI-
Schiffenberger Tal
Gewerbe-
gebiet
Schiffenberger Weg
Tagebau
Steinberger Weg
Kloster
Schiffenberg
Wohn- u. Mischgeb.
Wichtige Gebäude
(Klein-)gärten
Park, Friedhof, Sport
Landwirtschaft
Wald
Gewerbe, Industrie
Wasser

WILLKOMMEN IN GIESSEN

Nach
Gießen
7 km

Inhalt

Vorwort

Glückwunsch! Es ist ein guter Zeitpunkt, Gießen kennenzulernen oder vielleicht auch wieder zu entdecken. Wenn Sie ein paar Jahre nicht da waren, werden Sie die Stadt allerdings kaum wiedererkennen. Mir ging das ebenfalls so, als ich Mitte 2015 nach zwei Jahren im Ausland zurückgekehrt bin.

Das Bundesinstitut für Bau-, Stadt- und Raumforschung zählt die Universitätsstadt an der Lahn mit ihren knapp 90.000 Einwohnern deutschlandweit zu den wenigen Mittelstädten, die stark wachsen. Mitunter ist sogar von einem Gießen-Boom die Rede.

Auf ehemaligen Militärflächen sind neue Stadtviertel entstanden, alte Industriebrachen wurden zu angesagten Anlaufstellen und der Wohnungsbau nimmt gar kein Ende.

Gießen ist in den vergangenen Jahren nicht nur gewachsen. Die Stadt ist selbstbewusst geworden, hat sich neu erfunden und – verstärkt durch die umfangreichen Baumaßnahmen zur Landesgartenschau 2014 – einen Imagewandel erlebt.

Die Zeiten sind vorbei, in denen sich junge Menschen, die ihr Studium in Gießen aufnehmen mussten, als Leidtragende der Zentralen Vergabestelle für Studienplätze bezeichnet und Stammtische für „ZVS-Opfer“ gegründet haben, um darüber zu beraten, wie man so schnell wie möglich wieder wegkommt aus diesem ungeliebten Nest in der Provinz.

Auch das viel zu oft bemühte Zitat von Georg Büchner (1813–1837), dem revolutionären Studenten der Universität Ludoviciana, der sich in Gießen schrecklich unwohl gefühlt haben muss, ist aus dem Wortschatz gestrichen. „Diese Stadt ist abscheulich“? Von wegen!

Über Jahrhunderte waren Büchners Worte irgendwie an Gießen haften geblieben, hatten die Stadt und ihre Bewohner kleingehalten. Auch die Wunden des Zweiten Weltkriegs, die großflächige Zerstörung der alten Innenstadt am 6. Dezember 1944, haben Selbstvertrauen gekostet.

Wenn die vielen Studierenden der Justus-Liebig-Universität und Technischen Hochschule Mittelhessen heute über die jüngste Stadt Hessens reden, sagen sie: „Wer nach Gießen kommt, weint zweimal. Wenn er kommt, aber vor allem wenn er geht."

In der Zwischenzeit haben sie Gießen kennengelernt; als weltoffene und bunte Stadt, als Stadt der kurzen Wege, mitten im Grünen. Ja, mittlerweile sogar als Stadt an einem Fluss, in der dessen Ufer und Plätze im Freien immer mehr Bedeutung gewinnen. Die Lahn ist auch für mich zu einem Lieblingsort geworden.

Die jungen Menschen haben die kleine Metropole in Mittelhessen kennengelernt als Standort hochwertiger Lehre und Wissenschaft, moderner Forschung und Medizin und zweier Museen von Weltruf. Als eine Stadt mit der höchsten Studierendendichte des Landes, mit expandierender Gastronomie, funktionierendem Einzelhandel, einem Stadttheater, eigenen Festivals und vielen kleinen Initiativen. Kurz: Als eine Stadt mit Großstadtthemen im Kleinstadtformat.

Sie haben erkannt, dass Gießen mehr zu bieten hat als triste Einfallstraßen und einen Marktplatz aus grauem Beton. Sie können vielleicht selbst der Fußgängerüberquerung Elefantenklo etwas abgewinnen.

All das bietet Gießen aber erst, wenn man sich Zeit nimmt, sich einlässt auf die Stadt. Gießen ist nicht hochglanzpoliert, drängt sich nicht auf, verrät nicht sofort alles über sich. Doch wer ein bisschen sucht, der wird belohnt. Den lässt die Stadt oft nicht mehr los.

„Gießen zu Fuß" dient diesem Kennenlernen, es hilft beim Entdecken der vielen Vorzüge, soll dabei ein kurzweiliger Begleiter sein, aber auch alteingesessenen Gießenern neue An- und Einsichten liefern. Die Spaziergänge folgen daher weniger den ausgetretenen Pfaden, „klappern" nicht nur die immer gleichen Orte ab, sondern führen ganz bewusst sehr subjektiv durch die Stadt. Um ein Gespür zu bekommen, ein Gefühl und nicht bloß Daten.

Die unterschiedlichen Autorinnen und Autoren, die an diesem Buch mitgewirkt haben, begleiten die Entwicklung der Stadt seit Jahrzehnten als Journalisten der Gießener Allgemeinen Zeitung. Sie sind in Gießen aufgewachsen, zum Studium hergekommen, geblieben oder zurückgekehrt. Doch auch Norbert Schmidt, Guido Tamme, Burkhard Möller, Ulla Sommerlad und Christine Littau-Rust sind bei der Recherche auf bislang verborgen gebliebene Details gestoßen. Auch ich habe viel Neues entdeckt: Einen in einem Wohnhaus versteckten Reitstall oder den Kneip-Saal einer Studentenverbindung zum Beispiel.

Die Wege in diesem Buch verlaufen quer durch die Innenstadt, durch stille Wohnviertel, vorbei an Straßenkunst, über den Wochenmarkt, entlang der Wieseck und der Lahn, raus ins Grüne und über die städtebaulich attraktiven Hochschul-Campus der Stadt. Sie führen auch durch Lieblingsviertel und an Lieblingsorte der Autoren, die dabei aus ihrer jeweiligen Perspektive auf die Stadt blicken und so ein umfangreiches Gießen-Bild zeichnen. Das macht „Gießen zu Fuß“ nicht nur zu einem Führer durch, sondern auch zu einem Lesebuch über die Stadt und ihre Bewohner. Genau wie wir, die an diesem Buch beteiligt waren, werden Sie Gießen nach der Lektüre mit anderen Augen sehen. Versprochen. Viel Spaß in der jungen, selbstbewussten Stadt an der Lahn, die Sie zu einem optimalen Zeitpunkt besuchen.

Marc Schäfer

In eigener Sache: Im Herbst 2019 sind wir voller Euphorie an Konzeption und Recherche für dieses Buch gegangen, im Frühjahr 2020 wurden wir ausgebremst. Das Buch entstand mitten in der Corona-Krise, zwischen Mundschutzpflicht und Mindestabstand. Handel, Gastronomie, Kultur, Universität und Verwaltung, also alles, was eine Stadt lebenswert macht, in der Warteschleife. Überall Zweifel, ob und wie es weitergeht. Außer auf einigen Fotos, auf denen dieses Leben fehlt, sollten Sie dem Buch diese Umstände nicht anmerken. Falls doch ein Detail nach Corona nicht mehr so ist, wie vorher recherchiert und währenddessen aufgeschrieben, sehen Sie es uns bitte nach.

Street-Art-Galerie unter freiem Himmel

Street-Art-Galerie unter freiem Himmel

Das heimische Künstlerkollektiv 3Steps hat die Gießener Innenstadt im Rahmen der „River Tales Street Art Festivals" in eine öffentliche Galerie für Street-Art verwandelt. Mehr als 30 Werke international renommierter Künstler schmücken mittlerweile verwinkelte Hinterhöfe, ehemals triste Hausfassaden oder unauffällige Stromkästen. Und das Beste: Die Galerie ist für jedermann und jederzeit frei zugänglich.

Dauer: ca. 60 –70 Minuten
Strecke: 2,4 km
ÖPNV: Die Buslinien 24, 11, 17 und 1 halten direkt an der Johanneskirche

Das kleine Mädchen mit der Kaugummiblase (1) ist nicht leicht zu finden. Der französische Stencil-Artist Christian Guémy hat sei-

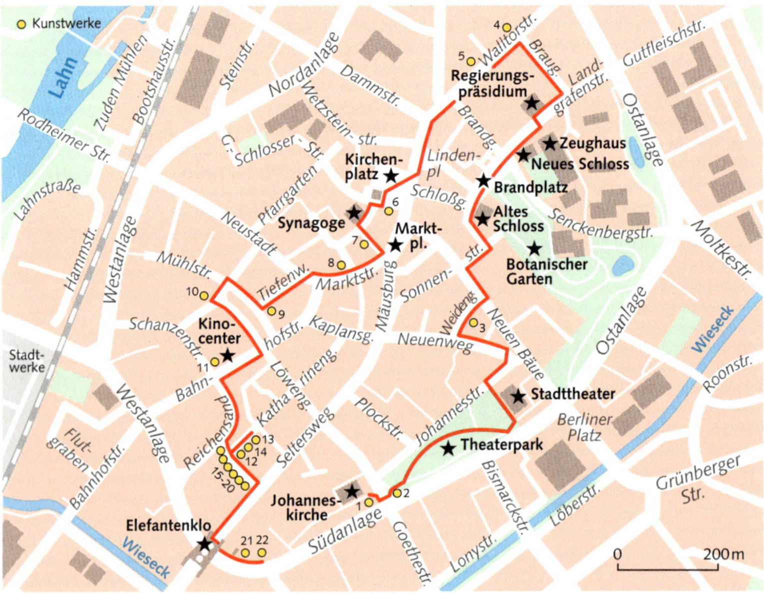

Stencil-Art vor dem Portal der Johanneskirche.

ne Tochter auf dem kleinen Platz vor dem Portal der **Johanneskirche** auf einem bis dato schmucklosen Stromkasten versteckt. Doch die Suche lohnt sich. Der Pariser Straßenkünstler, auch bekannt als C215, gilt als bester und produktivster Schablonenkünstler der Street-Art-Szene. Durch die Verwendung von Sprenklern, Unterbrechungen und Linien, die nicht zum eigentlichen Motiv gehören, schafft er es, seine Bilder zum Leben zu erwecken. Beim Porträt seiner Tochter ist ihm das besonders gelungen. An dieser Stelle beginnt der Rundgang zu Gießens Street-Art- und Graffiti-Schau unter freiem Himmel.

Mit seinen kleinen farbenfrohen Arbeiten ist Guémy in Metropolen auf der ganzen Welt vertreten. In Gießen hat der Franzose, der neben Street-Art-Größen wie JR oder Blek le Rat zu den bekanntesten Vertretern der französischen Street-Art-Schule zählt, insgesamt vier Werke hinterlassen. Das zweite befindet sich auf der anderen Straßenseite, gleich rechts in dem Park auf einem weiteren Stromkasten. Es zeigt Guémys häufig verwendete Interpretation von Maria und Jesus (2). Prägend für dieses Bild ist das Wort Frieden, das

Symbol für den Frieden im Theaterpark.

der Künstler in verschiedenen Sprachen auf Marias Gewand aufgebracht hat.

Wir verlassen die kleine grüne Oase noch vor dem **Stadttheater** zur Johannesstraße und betreten über den Neuenweg die Fußgängerzone. In der Weidengasse befindet sich das nächste Exponat gegenüber der Einfahrt zu dem kleinen öffentlichen Parkplatz über einem Hauseingang.

„Supreme Being“ (3) stammt vom Karlsruher Künstler Christian Krämer, der sich auf figurative Malerei verlegt hat. Er fotografiert seine Models in verschiedenen Posen und entwickelt daraus Scherenschnitte, aus denen seine vom Schattentheater inspirierten Schwarz-Weiß-Figuren entstehen. In der Weidengasse, einer ehemaligen Färbergasse, hat sich Krämer farblich an die Umgebung angepasst und in der Hintergrundgestaltung auf Pastelltöne gesetzt. „Supreme Being“ ist seine Interpretation von Eva, fast zwölf Meter hoch und sieben Meter breit.

Weiter geht es über den Brandplatz und die Braugasse in die Walltorstraße. Auf dem Weg kommen wir an Sehenswürdigkeiten wie das Alte und Neue Schloss, das Zeughaus oder den Botanischen Garten vorbei.

„Supreme Being" vom Karlsruher Künstler Christian Krämer.

In der Walltorstraße warten zwei der größten Wandbilder der Stadt. Die Nevercrew, zwei Künstler aus der italienischen Schweiz, machen hier auf den Klimawandel und die Veränderungen in den Weltmeeren aufmerksam (4). Das Wandbild trägt den Namen „Cluster No. 3" und gehört zu einer Reihe, die die Eigenschaften der Natur illustriert und die Rolle der Menschen beleuchtet. Das Bild hat den Künstlern und damit auch dem Gießener Street Art Festival international sehr viel Aufmerksamkeit eingebracht.

Ihr Hauptmotiv ist der Wal, er steht sinnbildlich für alle Lebewesen und Pflanzen der Meere. Die Schweizer zeigen die Wale und

Der Wal steht sinnbildlich für die Lebewesen und Pflanzen der Meere.

„Who is listening?“

Delfine dicht gedrängt, der für die Tiere viel zu kleine blaue Kreis steht für ihren immer enger werdenden Lebensraum. Mit ihrer Arbeit kritisieren die Künstler den negativen Einfluss der Menschen auf die Natur. Damit passt das Werk sehr gut zum River Tales Festival, das Stadt, Land und Fluss durch zeitgenössische urbane Kunst neu gestalten möchte.

Nur wenige Schritte Richtung Innenstadt hat sich Mr. Woodland aus Erding verewigt. Das mit einer erstaunlichen Mystik betörende „Who is listening“ zeigt ein Mädchen auf einem Feld, das offenbar nach einer Antwort sucht. Am Boden schleicht sich ein Fuchs vorbei, reale Bäume ragen ins Bild hinein. Wie passend, hat die Walltorstraße doch ihren Namen vermutlich von einem Tor zum Wald, den es nicht weit von hier einmal gegeben haben soll.

Die Idee, ein Street-Art-Festival in der Region zu etablieren, hatten Kai Krieger, sein Bruder Uwe Krieger und Joachim Pitt vom Gießener Künstlerkollektiv 3Steps bereits 2010. Erste Arbeiten mit befreundeten Gastkünstlern sind 2012 im benachbarten Wetzlar entstanden. Als die Landesgartenschau 2014 in Gießen Station machte, kamen auch hier weitere Objekte hinzu. Die Resonanz auf ihr „Mythen und Märchen an der Lahn"-Projekt war so gut, dass die Künstler den Plan ausheckten, das Festival auch zu den Bürgern in die Innenstadt zu bringen. Doch zunächst fehlten Gelder, freie Wände und Künstler. 2017 gelang aber doch die Premiere mit gleich zwölf Mitwirkenden. 2019 fand im Begleitprogramm des Festivals im Oberhessischen Museum sogar eine entsprechende Werkschau mit 50 Künstlern statt. Spätestens seitdem ist das River Tales Festival imageprägend für die Stadt. „Das war nicht primär unsere Vision. Wir wollten ursprünglich auf den Lebensbereich Fluss aufmerksam machen und dafür sorgen, dass wir alle sorgsamer mit der Ressource Wasser umgehen, aber natürlich ist es schön, dass wir auf diese Weise auch zeitgenössische Kunst in die Stadt bringen können", sagt Kai Krieger. In einschlägigen Graffiti-Magazinen wird Gießen mittlerweile in einer Reihe mit New York City, London und Paris genannt. Damit schließt sich ein Kreis, denn bereits in den frühen 1990er Jahren gehörte die Stadt zu einer der ersten deutschen, in denen die Graffiti-Szene auftauchte.

Die Walltorstraße bringt uns nun ins Zentrum. Am **Stadtkirchenturm** auf dem Kirchenplatz führt der Burggraben zu den nächsten Objekten. Der Berliner Künstler Kera1 steht für verzerrte Farbschemen (6), die wie Ausschnitte aus größeren Graffiti wirken. An diesem durch die Nähe zum Stadtkirchenturm und der **Synagoge der Jüdischen Gemeinde** so besonderen Ort haben 3Steps ganz bewusst auf figurative Malerei verzichtet und sich für abstrakte Kunst entschieden, die jedem Besucher eine eigene Interpretation ermöglicht.

Verzerrte Farbschemen von Kera 1

In einem Hinterhof versteckt, breitet sich an gleich zwei Fassaden ein „Urban Jungle" (7) aus. Der in Turin lebende Schwede Etnik war offenbar der Meinung, die „graue Stadt ohne Meer", wie Gießen in ei-

Urban Jungle

nem Song der heimischen Band OK KID genannt wird, könnte an dieser Stelle ein wenig mehr Farbe gebrauchen. In seinem bunten Dschungel lässt er dreidimensionale geometrische Körper fliegen – ein Markenzeichen der Murals des seit den 1990er Jahren aktiven Graffiti-Künstlers.

Nur wenige Meter entfernt hat sich an der Ecke Löbers Hof/ Marktstraße Dr. Mariusz Waraz aus Danzig verewigt. In seiner Heimatstadt fungiert der Pole, der unter seinem Künstlernamen M-City berühmt geworden ist, als Lehrbeauftragter für Straßenkunst an der Akademie der Bildenden Künste. Viel lieber aber ist er in der Welt unterwegs. Er hat seine Spuren in mehr als 17 Ländern hinterlassen, in Städten wie London, Paris, Rio de Janeiro, Prag, Berlin und Gießen. Das Urgestein der Street-Art malt häufig düstere Maschinenwesen. In „Three Thieves Try to Steal the Moon" (8) verbildlicht er drei Bösewichte mit Taucherglocken, die auf einem Schrottberg stehend mithilfe einer Räuberleiter versuchen, dem Mond das Licht zu stehlen. Auch Waraz kritisiert damit den negativen Einfluss

Das Problem der Lichtverschmutzung in Städten thematisiert M-City mit seinem Wandgemälde.

der Menschen auf die Umwelt im Allgemeinen und das Problem der Lichtverschmutzung in Städten im Besonderen.

Wir verlassen den Marktplatz in Richtung Neustadt und biegen links in den Tiefenweg ein, vorbei an einem fast 200 Jahre alten liebevoll sanierten Wohnhaus mit Werkstatt. Es ist eines der letzten vorgründerzeitlichen Alt-Gießener Handwerkerhäuser. Am Ende des Tiefenwegs wartet an der Rückwand einer alten Kupferschmiede ein riesiges Fabelwesen (9) des polnischen Künstlers Pavel Swanski.

Fabelwesen von Swanski

Das Duo Layer Cake zeigt ein kalligrafisches Kunstwerk.

Es stammt aus dem Jahr 2011 und ist das einzige Objekt auf diesem Rundgang, das nicht im Rahmen des Street-Art-Festivals entstanden ist.

In der Johannette-Lein-Gasse ziert ein kalligraphisches Kunstwerk mit übereinanderliegenden Schriften des Münchner Duos Layer Cake (10), das unter anderem die Empfangshalle der Zentrale der Süddeutschen Zeitung gestaltet hat, die Front des ersten Gießener **Unverpackt-Ladens**.

Wir gehen geradeaus in die Bahnhofstraße. Für eine kleine Kaffeepause bietet sich jetzt das Café **Schwätzer & Söhne** an, wer eher Lust auf einen Wein hat, dem sei das **Drossel & Specht** empfohlen. Die Gastronomie und der Unverpackt-Laden verhelfen der Stadt – genau wie die Street-Art – zu einem urbanen Flair, in dem sich nicht nur die Studierenden der Hochschulen, sondern auch die vielen Kreativen wohlfühlen und entfalten können.

Die Diversität der unterschiedlichen Kunstwerke in der Stadt ist für Künstler Kai Krieger von den 3Steps eine Freude. Gießen habe eine ganz eigene Street-Art-Geschichte geschrieben und sich von den Metropolen entkoppelt als eigener Standort des Genres entwickelt. Dass Gießen geradezu prädestiniert für Murals und Graffiti sei, liege auch an der großflächigen Bombardierung während des Zweiten Weltkriegs, als die Innenstadt fast komplett zerstört worden ist. „Dadurch hat Gießen im Vergleich zu anderen Städten sehr viele freiliegende Wandflächen. Die Stadt hat es verdient, dass diese Wunden durch bunte Bilder geheilt werden", sagt Krieger.

Ein wunderbares Beispiel dafür ist das farbenprächtige Graffiti des gebürtigen Mexikaners Stinkfish (11) an der freien Seitenwand des Kinocenters in der Bahnhofstraße. Er ist in Kolumbien aufgewachsen und hat sein Handwerk in den Straßen Bogotas gelernt. Im Zentrum seiner geradezu explodierenden Bilder stehen oft Schablonenporträts. In Gießen hat er sich für ein Mädchen entschieden, das er im Slum der kolumbianischen Hauptstadt fotografiert hat, da er findet, dass diese Kinder von der ganzen Welt gesehen werden sollten.

Wir überqueren die Bahnhofstraße und steuern direkt auf drei weitere Objekte zu. Als erstes sticht Johannes Mundingers „Traumwelten" (12) ins Auge. Für den Laien scheint der Offenburger seine Arbeit nicht beendet zu haben, doch beim längeren Betrachten erschließt sich, dass es sich bei der großen weißen Fläche um einen Traum handeln soll, an den sich der Mensch nicht mehr erinnern

Das Kinocenter soll abgerissen werden, dann würde das Mädchen aus Bogota verschwinden.

Traumwelten

kann. Und auch rundherum verwischt die Erinnerung immer mehr. Die Einbeziehung der Umgebung ist ein Schwerpunkt der Arbeit Mundingers und so wirkt die weiße Fläche auch als Leinwand für die Bäume, die vor der Fassade stehen.

Links davon hat der Kalifornier Tavar Zawacki, Anfang der Nullerjahre einer der wichtigsten Künstler der Street-Art-Bewegung in Paris, seine Handschrift hinterlassen (13). Die Verbreitung seines Pfeil-Symbols bereitete den Weg für spätere Generationen von Street-Art-Künstlern, die sich Ikonografie, Logos und abstrakte Kunst zu eigen machten.

Gegenüber lässt Does (14) aus den Niederlanden Farben und Formen explodieren. Sein Stil kommt aus der Graffiti-Kunst, seine besondere Vorliebe sind Buchstabenformen. Er setzt dabei auf die Vorstellungskraft der Betrachter.

Ganz in der Nähe hat auch Stencil-Artist Christian Guémy seine drei weiteren Werke versteckt. Finden Sie die kleine Katze? Sie prangt auf einem Buchwagen (15), den die im Seltersweg ansässige Buchhandlung am Hintereingang für Nachtlieferungen nutzt.

Und die große Katze? Die hat der Franzose am Eingang zur Kinogasse (16) hinterlassen. Sie ist nicht zu übersehen.

Katzen sind ein Markenzeichen des Franzosen, der sich zudem häufig auch Menschen widmet, die an den Rand der urbanen Gesellschaft gedrängt werden. Flüchtlinge, Bettler, Waisen, Straßen-

Farbexplosionen aus den Niederlanden

kinder und Senioren rückt er so in den Mittelpunkt des Bewusstseins. Das gilt auch für das Liebespaar (17), das Guémy auf einer unscheinbaren Tür verewigt hat.

Im weiteren Verlauf der Kinogasse finden sich Arbeiten von Charlie Anderson aus Glasgow (18), Christian Böhmer aus Köln (19) und den 3Steps (20) selbst. Anderson, zu dessen Kunden auch Beatle Ringo Starr zählt, malt Collagen in Anlehnung an alte Filmpla-

Die Katze ist das Markenzeichen des Franzosen Christian Guémy.

In der Kinogasse

kate. Weitere Bilder von ihm sind in der Waagengasse am Marktplatz zu sehen.

Böhmer ist Autodidakt, der mittlerweile von der Kunst lebt. Seine Werke zeigen Menschen im Kontrast zwischen Anonymität und Selbstdarstellung, zwischen Egoismus und Selbstkritik. Er porträtiert sie mit Papiertüten anstelle von Köpfen. In der Nähe der Gießener

Auch in der Waagengasse sind Graffiti in Anlehnung an alte Filmplakate zu sehen.

Einkaufsmeile **Seltersweg** ist seine Arbeit sicher auch als Kritik am Konsum zu verstehen. Vielleicht bietet sie aber auch einen Anreiz. „Shoppen kann man überall“, sagt Kai Krieger. „Aber man muss schon sehr weit fahren, um zudem auch noch einen Street-Art-Parcour zu erleben.“

Abstrakte Fassadengestaltung von Kera 1

Wir verlassen die Fußgängerzone in Richtung **Selterstor** und **Elefantenklo** und biegen links in Richtung Südanlage ab. In der Kurve gegenüber der Bleichstraße hat Kera1 sein zweites Werk an Lamellen (21) hinterlassen. Auch hier besticht der Berliner durch die abstrakte Fassadengestaltung, mit der er einen echten Hingucker geschaffen hat.

Zum Schluss führt der Rundgang in das benachbarte Parkhaus. Den besten Blick auf Rafael Gerlachs futuristisches Graffiti (22) haben wir vom oberen Parkdeck aus, das wir über das Treppenhaus erreichen.

Der Münchner mit dem Künstlernamen SatOne lässt an der großflächigen Rückwand abstrakte Kunst und Illustrationen miteinander verschmelzen. Sein 10x20 Meter großes Wandbild greift Heck und Front der geparkten Fahrzeuge auf. Bei genauerem Hinsehen kann man seine exzentrische Interpretation der Karosserien und der heutzutage am häufigsten verwendeten Farbschemata Schwarz, Grau und Silber entdecken. SatOne fügt chaotische Muster und verzerrte Elemente in sein Gemälde ein, um diese Monotonie visuell zu stören und gleichzeitig die rechteckige Form des Parkplatzes beizubehalten. Von hier oben erblicken wir auch den Turm der Johanneskirche. Dort, bei dem kleinen Mädchen mit der Kaugummibla-

Der Münchner SatOne interpretiert Autokarosserien.

se, hat der Rundgang durch Gießens öffentliche Street-Art-Galerie begonnen.

Und jetzt? Von der Johanneskirche sind es nur wenige Meter in die Plockstraße. Sie ist Gießens angesagte Gastro-Gasse mit einem Hauch von Sehen und Gesehen werden sowie zahlreichen unterschiedlichen Angeboten. Feinste Torten, Pasta und Pizza. Vor der Eisdiele formiert sich regelmäßig die längste Warteschlange der Stadt.

Marc Schäfer

Das Künstlerkollektiv 3Steps hat in den vergangenen Jahren in seiner Heimatstadt Spuren hinterlassen. Auf Schulgebäuden, Trafo-Häuschen, Fassaden und unter Brücken – überall finden sich die farbenfrohen Wandbilder von Kai Krieger, Uwe Krieger und Joachim Pitt. Die drei Jungs kennen sich aus der Schule und entdeckten bald ein gemeinsames Interesse an Malerei, Handwerk und der jungen Graffiti-Kultur. Ihre Arbeiten haben den Ursprung in der Mural und Graffiti Art. Gemeinsam begannen sie ihre Karriere 1998 mit dem Malen von Bildern mit der Sprühdose auf Mauern und Wänden. Geprägt vom New Yorker

Graffiti, Style-Writing, Comic-Heften, Kinofilmen und der medialen Revolution in den 80ern und 90ern mit ersten Computerspielen setzt das Kollektiv auf knallige Farben, eine klare Bildsprache und einfache Muster. Der heutige Stil von 3Steps beinhaltet Einflüsse von Street-Art sowie Elemente des Style-Writing, des Fotorealismus, der Druckgrafik und der Pop Art. Ihre Arbeiten hinterließen sie in zahlreichen Ländern und Städten der Welt, in London, Mailand, L.A. und New York. Viele ihrer Werke wurden in internationalen Büchern und Magazinen publiziert. Eine bedeutende Rolle spielt für die drei Künstler die regionale ländliche Idylle, Formen von Flora und Fauna sowie der Einklang von Mensch und Natur. 3Steps sind Organisator und Kurator des internationalen River Tales Street Art Festivals in ihrer Heimat. Die Gießen Marketing GmbH bietet in Zusammenarbeit mit den Künstlern und Stadtführerin Dagmar Klein auch Stadtführungen zum Thema „Street-Art trifft auf Stadtgeschichte" an. Infos bei der Tourist-Information in der Schulstraße.

Das Künstlerkollektiv 3Steps in Aktion

STOCKHOLM

Vom Bahnhof über den Seltersberg

Vom Bahnhof über den Seltersberg

Der Seltersberg war zu Beginn des 19. Jahrhunderts Gießens erstes Neubaugebiet. Heute ist die Anhöhe Standort moderner Medizin und zweier ganz besonderer Museen.

Dauer: 75 Minuten
Strecke: 2,6 km
ÖPNV: Haltestelle Bahnhof, Linien 2, 5, 10, 15, 17, 24

Gießen ist eine Stadt des Ankommens. Das zumindest sagte Oberbürgermeisterin Dietlind Grabe-Bolz, als es Anfang 2018 darum ging, ein in den Nachwehen der sogenannten „Flüchtlingskrise" ins Auge gefasste „Abschiebezentrum" in der Stadt zu verhindern. Wie richtig sie mit dieser Einschätzung lag, zeigt sich nicht nur an den rund 35.000 täglichen Einpendlern, den jährlich tausenden Erstsemestern oder den vielen Geflüchteten, die in der Hessischen Erst-

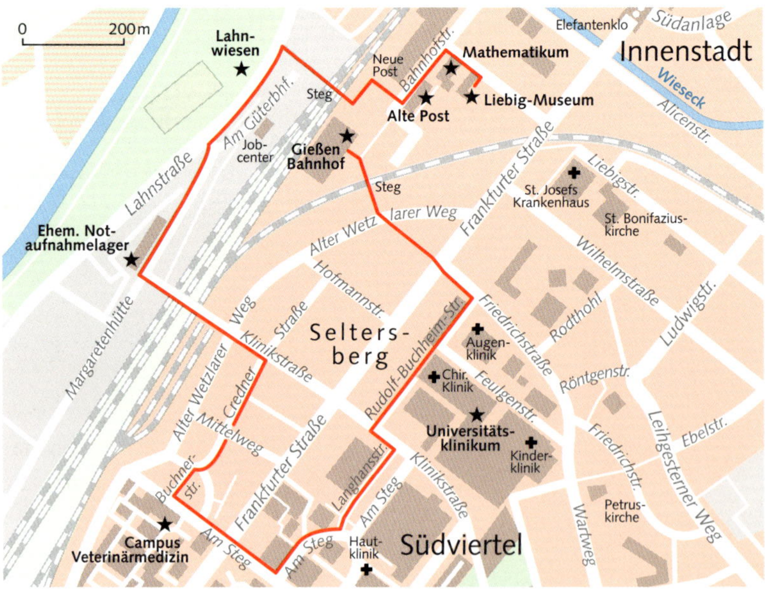

Der Bahnhof wurde zwischen 1904 und 1910 erbaut.

aufnahmeeinrichtung Unterschlupf finden, sondern ganz besonders auch am Bahnhof, wo dieser Rundgang über den Seltersberg beginnen soll.

Der **Bahnhof**, an dem auf elf Gleisen fünf Bahnlinien zusammenlaufen, zählt weit mehr als 25.000 Reisende täglich. Er ist damit der wichtigste Knoten des Öffentlichen Personennahverkehrs in Mittelhessen. Vor diesem Hintergrund haben schon mehrere Stadtregierungen für eine sprachliche Aufwertung in Hauptbahnhof plädiert. Letztlich zog man das Ansinnen aber zurück, da die Deutsche Bahn hatte durchblicken lassen, dass die Stadt auf allen Kosten sitzen bleiben würde. So wichtig war den Stadtoberen der Imagegewinn dann doch nicht.

Das aus Sandstein errichtete und vom Jugendstil beeinflusste Empfangsgebäude wurde von 1904 bis 1910 durch den Herborner Architekten Ludwig Hofmann im neoromanischen Stil erbaut. Er bezog das erste Bahnhofsgebäude an dieser Stelle aus dem Jahr 1854 in den Neubau mit ein. Auch die heutigen gusseisernen Säulen der Bahnsteigüberdachung stammen noch aus dieser Zeit. Hofmanns

Im Zuge der Landesgartenschau wurde der Bahnhofsvorplatz neu gestaltet.

asymmetrisches Bauwerk mit dem markanten Uhrturm veranlasste Schriftsteller Martin Walser 1976 bei einem Besuch in Gießen sogar zu einem Tagebucheintrag. „Als die Bahnhöfe gebaut wurden, wusste man offenbar überhaupt nicht, woran man bei einem Bahnhof denken sollte. Meistens geriet man dann in eine Mischung aus Kirche und Burg. Das sieht man in Gießen besonders deutlich. Eine rote Sandstein-Kirche mit Hauptschiff und Turm, der allerdings ein bisschen verrückt hingesetzt wurde, um das Kirchenschiff zu stören." Walser hat das richtig erkannt: Architekt Hofmann war bis zu seinem Tod 1933 Kirchenbaumeister der evangelischen Landeskirche.

Während des Zweiten Weltkriegs war der Bahnhof mehrmals Angriffsziel der Alliierten. Doch selbst die große Bombardierung am 6. Dezember 1944, bei dem nahezu die gesamte Innenstadt in Schutt und Asche gelegt worden ist, überstand das Gebäude ohne größere Schäden. Zerstört und 1969 abgerissen wurde jedoch der nördliche Flügel, der sogenannte Fürstenbahnhof. Der sollte einst Adligen vorbehalten sein, die dort in vornehmem Ambiente warten konnten. Heute befindet sich an dieser Stelle eine Passage, in der die Ankommenden zwar auf fürstlichen Luxus verzichten müssen, aber immerhin einen gemeinsamen **Info-Point** von Tourist-Information, Justus-Liebig-Universität und Technischer Hochschule Mittelhessen vorfinden.

Draußen auf dem Vorplatz erinnert ein Stück der Berliner Mauer an die Wiedervereinigung, mit der Gießen als ehemaliger Standort der zentralen Anlaufstelle für alle Flüchtlinge aus der DDR eng verknüpft ist. Das Projekt wurde 2016 von dem Gießener Künstlerkollektiv 3Steps initiiert, das die Mauerreste in unregelmäßigen Abständen umgestaltet. Unter anderem war bereits der über die Grenze springende DDR-Soldat nach dem bekannten Foto von Peter Leibing zu sehen.

Wir betreten die **historische Sandsteintreppe**. Sie wurde 1893 errichtet, um den Bahnhof mit den neuen Universitätskliniken auf dem Seltersberg zu verbinden. Seit Herbst 2018 erstrahlt die Treppe in altem Glanz. Mehr als 20 Jahre lang wurde in der Stadt über die Restaurierung des im klassizistischen Stil errichteten Bauwerks gestritten. Als man sich zur Instandsetzung durchringen konnte, war die Brücke in einem schlechten Zustand. Für die fachgemäße Restaurierung wurde sie in alle Einzelteile zerlegt und in einer Spezialwerkstatt saniert. Bis auf drei Treppenstufen konnten alle Originalteile erhalten und vor Ort wieder zusammengepuzzelt werden. Nur zu! In Gießen gibt es nicht sehr oft die Gelegenheit, ein solches historisches Bauwerk zu begehen.

Ein Stück der Berliner Mauer wird in unregelmäßigen Abständen immer wieder neu gestaltet.

Die Friedrichstraße führt über die Frankfurter Straße hinaus zum Universitätsklinikum, den **Seltersberg** ein Stück hinauf. Den Namen hat die Anhöhe von der Siedlung Selters, eines von neun wüst gefallenen Dörfern, die es vor Jahrhunderten rund um die jetzige Innenstadt gegeben hat. Selters wurde 775 erstmals urkundlich erwähnt, es war die größte und bedeutendste Siedlung. Der Seltersweg – heute Gießens Einkaufsstraße – führte früher zur Ansiedlung Selters, die sich etwa auf Höhe des heutigen Bahnübergangs in der Frankfurter Straße befand. Mit Errichtung des großen Festungswalls, auf dem heutigen Anlagenring, zogen die Bewohner in das von Wällen geschützte Gießen. Anfang des 19. Jahrhunderts wurde der Seltersberg durch die Stadterweiterung zum ersten Gießener Neubaugebiet, in dem später viele Professoren, darunter der Physiker Heinrich Buff (1805–1878) oder der Chemiker Justus Liebig (1803–1873) lebten und arbeiteten.

Über die Rudolf-Buchheim-Straße betreten wir das **Universitätsklinikum Gießen und Marburg** (UKGM). Es ist das drittgrößte Universitätsklinikum Deutschlands und mit etwa 5.500 Beschäftigten am Standort Gießen neben der Justus-Liebig-Universität der größte Arbeitgeber der Stadt. Auf dem Gelände arbeiten Menschen aus 70 Nationen in 150 Berufen. Als Krankenhaus der Maximalversorgung deckt das UKGM das gesamte Spektrum der modernen Medizin ab – von der Augenheilkunde bis zur Zahnmedizin. Es ist zudem das erste und bislang einzige Universitätsklinikum Deutschlands, das privatisiert worden ist. 2006 ging es an die Rhön Klinikum AG. Das Land Hessen hält nur noch fünf Prozent der Besitzanteile. Die Verantwortlichen für diese politisch sehr kontrovers diskutierte Entscheidung betonen immer wieder, sie sei alternativlos, das Gießener Klinikum anders nicht zu retten gewesen. Die politischen Gegner sind freilich weiterhin ganz anderer Meinung.

Doch zurück zu den Anfängen: Ende des 19. Jahrhunderts entstehen auf dem Seltersberg die ersten Kliniken, die Frauenklinik im Jahr 1890 oder die Medizinische Klinik zwischen 1885 und 1895. Wenig später folgen unter anderem die Chirurgische Klinik (1900 bis 1910), die Augenklinik (1907) und die Hautklinik (1913). In dem schlossartigen Gebäude, vor dem wir an der Ecke Friedrich-/Rudolf-Buchheim-Straße ins Klinikum einbiegen, ist auch heute noch die Augenklinik untergebracht. Am Giebel hocken zwei Eulen. Sie stehen symbolisch für Wissenschaft und Weisheit und gelten nach Schriftsteller Paulinus von Nola (354–431) als „auch im Dunkel das Licht der Welt gewahrende Seherin". Diese Klinik war die modernste im damaligen Hessen. Sie steht wie das gesamte Klinikareal aus künstlerischen, städtebaulichen und universitäts-geschichtlichen Gründen unter Denkmalschutz.

Das stellt den Klinikbetreiber bei allen Neu- und Erweiterungsbauten vor große Herausforderungen. Jede bauliche Veränderung muss mit dem Landesamt für Denkmalschutz und der Stadt abgestimmt werden. Erschwert wird die Situation auch deswegen, weil die Planer auf dem Gelände an räumliche Grenzen stoßen und einige Gebäude weiterhin dem Land gehören.

Die Augenklinik

Dass es sich aber lohnt, alte Bausubstanz zu schützen und zu sanieren, zeigt sich beim Anblick der **ehemaligen Chirurgischen Klinik** in der Klinikstraße 29. Auf dem Weg dorthin passieren wir die „Blaue Kugel" von Nikolaus Koliusis. Das Kunstwerk hängt seit 1996 vor dem gläsernen Treppenhaus der **Neuen Chirurgie** und wird im manchmal unübersichtlichem Klinik-Irrgarten gern als

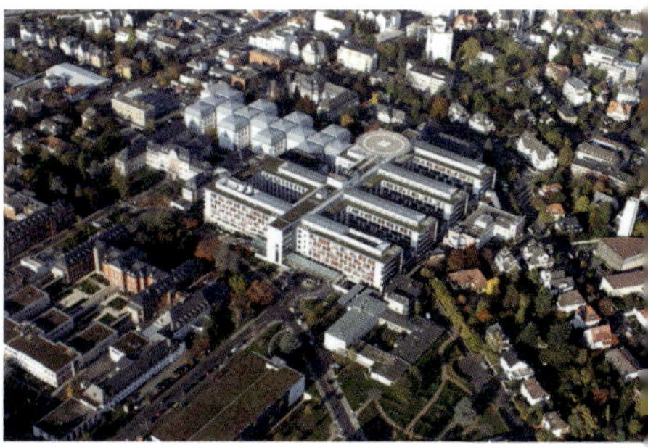

Im Mittelpunkt des Klinikumsgelände steht das Haupthaus mit seinen sechs Fingern.

Die blaue Kugel: Treffpunkt im Klinik-irrgarten.

Treffpunkt genutzt. Hier lohnt sich ein Abstecher die Treppen hinauf, denn man wird von einem spektakulären Ausblick über Gießen belohnt.

Die **Alte Chirurgie** erinnert an ein Barockschloss. Bei der 18 Millionen Euro teuren Sanierung (2014 bis 2016) wurde der historische Eingang rekonstruiert und der Vorplatz neu gestaltet. Seitdem ist hier das Dekanat des Fachbereichs Medizin der Justus-Liebig-Universität untergebracht. Zudem dient das Gebäude als modernes Lehrzentrum für angehende Ärzte. Über dem Eingang prangt in Jugendstillettern das Motto der Chirur-

Die alte Chirugie wurde für 18 Millionen Euro saniert.

gie: „Vulnerando sanamus" („Wir heilen, indem wir verwunden"). Medizin ist mit rund 2.800 Studierenden der größte Fachbereich der JLU.

Über einen Gang ist das Lehrgebäude mit dem Hauptgebäude des UKGM verbunden, das seit 2011 den Großteil der medizinischen Fachabteilungen unter einem Dach beherbergt. Ein Abstecher lohnt sich vor allem für Kunstliebhaber. Im gesamten Klinikum gibt es 15 „Kunstorte", die von der Kunstbeauftragten des UKGM und einem Freundeskreis betreut werden. Vor allem die Ausstellungen im Kapellengang des Hauptgebäudes sind oft sehenswert.

Sehenswert ist auch die **ehemalige Lungenklinik**, die auf dem höchsten Punkt des Klinikareals an exponierter Stelle liegt. Sie wurde 1928 als Heilstätte für Tuberkulose der Oberen Luftwege errichtet und war damals europaweit die einzige Einrichtung ihrer Art. Vorbildhaft waren die vielen nach Süden ausgerichteten Balkone und die große Dachterrasse für Patienten. Das Sonnenbaden versprach aus medizinischer Sicht Linderung.

Das Sträßchen „Am Steg" führt uns jetzt rechts an der heutigen **Klinik für Psychiatrie und Psychotherapie** vorbei. Im vorderen Teil des Gebäudes, das 1890 zum ersten Mal bezogen wurde, war über Jahrzehnte die Medizinische Klinik untergebracht. Im Jahr 1924 gelang dem Mediziner Georg Haas (1886–1971) hier die weltweit erste Dialyse an einem Menschen. Eine Tafel im Inneren erinnert an

Die Klinik für Psychiatrie und Psychotherapie

Das Portal der Hautklinik

seine Erfindung. Heute werden in Deutschland 95 Prozent aller Dialyse-Patienten mit der Methode der extrakorporalen Blutreinigung behandelt.

Die Medizinische Klinik ist nach langem Leerstand und einer umfassenden Sanierung mittlerweile die Heimat der „modernsten Psychiatrie Deutschlands" geworden. Das zumindest sagte der damalige Leiter Prof. Bernd Gallhofer anlässlich der Eröffnung im Oktober 2016. Ein moderner Neubau wurde an den denkmalgeschützten H-förmigen Grundriss der alten Klinik angeschlossen. Dadurch sind begrünte Innenhöfe entstanden.

Der Rundweg führt nun rechts an der **Hautklinik** vorbei und auf die **Alte Psychiatrie** zu. Die weißen Pfeile an den Außenwänden der Hautklinik sollten im Falle einer Bombardierung im Zweiten Weltkrieg die Richtung zum nächsten Luftschutzbunker, im Falle einer Zerstörung aber den Ersthelfern auch den Weg zu den möglicherweise im Bunker verschütteten Überlebenden weisen.

Ein grünes Idyll ist das sogenannte **Siesmayer-Karree** mit seinen Gebäuden, die als Ensemble zwischen 1891 und 1896 als Psychiatrische Klinik entstanden, sowie dem rund 20.000 Quadratmeter großen Park mit seinen mehr als 600 Bäumen. Die Klinkerhäuser stehen seit 2016 leer und sind stark sanierungsbedürftig.

Die Bezeichnung „Siesmayer-Karree" erinnert an Heinrich Siesmayer (1817 – 1900), den bedeutenden Frankfurter Gartenarchitekten, der in ganz Deutschland über 500 Parks und Gärten geschaffen

Die ehemalige Psychiatrische Klinik wurde zwischen 1891 und 1896 erbaut.

hat, darunter den Frankfurter Palmengarten, den Kurpark Bad Nauheim und den Schlosspark in Rauischholzhausen. Alte Rechnungen belegen, dass Heinrich Siesmayer und sein Bruder Nicolaus auch zumindest an der Bepflanzung des Seltersbergs beteiligt waren.

Ein Heim für Tiere

Mit einer traurigen Episode der Klinikumgeschichte verlassen wir das Gelände. Am anderen Ende des „Siesmayer-Karree" befindet sich der frühere Erweiterungsbau der Neurologischen Klinik. Der Name **Friedrich-Erbslöh-Haus** erinnert an den ehemaligen Leiter der Neurologie. Er wurde am 21. Oktober 1974 in seinem Büro von der Mutter eines Patienten mit fünf Schüssen getötet.

Auf der anderen Seite der Frankfurter Straße führt die Straße Am Steg am **Campus der Veterinärmedizin** vorbei. Das Fach wird seit 1777 in Gießen gelehrt. Heute umfasst der Fachbereich neun Institute und ein Klinikum. Jährlich werden ca. 200 Erstsemester aufgenommen, insgesamt sind rund 1.600 Tiermedizin-Studierende eingeschrieben. Damit ist die Einrichtung die drittgrößte der nur fünf tierärztlichen Bildungsstätten in Deutschland.

Auf dem Campus der veterinärmedizinischen Fakultät wurde Anfang 2020 die Klinik für Kleintiere eröffnet. Sie ist mit einem Krankenhaus für Menschen zu vergleichen und steht für Notfälle rund um die Uhr zur Verfügung. Beeindruckend sind das Herzkatheterlabor, der Computertomograf sowie ein tonnenschwerer Magnet-Resonanz-Tomograf, in den sogar Pferde geschoben werden können.

Heute Wohnhaus, ehemals Heim verarmter Professoren.

Über die Buchnerstraße betreten wir ein etwas vergessenes Gießener Wohnviertel, das Ende des 19./Anfang des 20. Jahrhunderts zu den guten Adressen der wachsenden Stadt gehörte. In der Hofmannstraße haben Fabrikanten, Professoren, Drogisten und Kaufmannsfamilien ansehnliche Stadtvillen gebaut. In der Crednerstraße,

Verbindungshaus der Landsmannschaft Darmstadtia

die einmal quer durch das Quartier führt, stehen gleich zwölf Wohnhäuser unter Denkmalschutz. Darunter das **Crednerhaus** (Crednerstraße 26), in dem einmal ein Heim für verarmte Professoren untergebracht war. Das villenähnliche Wohnhaus mit hölzerner Veranda ist ein schönes Beispiel für den Landhausstil der Jahrhundertwende.

Heute wohnen in dem Viertel Studierende in Wohngemeinschaften, junge Familien, die aus Studienzeiten hängengeblieben sind, aber auch noch viele alteingesessene Gießener. Alle schätzen die Ruhe und die Entschleunigung, die dieses Quartier bietet.

An der Kreuzung zur Klinikstraße ist eine kleine Siedlung mit Häusern des Eisenbahner Heimstättenvereins aus der Zeit um 1920 erhalten geblieben. Sie lässt erahnen, wie die Arbeiter mit ihren Familien gelebt und welchen Stellenwert Gärten hinterm Haus damals gehabt haben. Schräg gegenüber an der Ecke zum Alten Wetzlarer Weg steht das **Verbindungshaus der Landsmannschaft Darmstadtia**, eine 1882 in Gießen gegründete Studentenverbindung, die Studierende der Universität und der Technischen Hochschule vereint.

Ausreisende aus der DDR vor dem Notaufnahmelager.

Wir wenden uns nun einem anderen Teil der Gießener Geschichte zu. Am Ende der Klinikstraße, jenseits der Gleise, befindet sich das Gelände der **ehemaligen Erstaufnahmeeinrichtung des Landes Hessen**.

Über die Brücke sind vor uns schon unzählige Menschen voller Verzweiflung oder Hoffnung gegangen. Im Gepäck oft ihr ganzes Hab und Gut. Von 1946 bis 2018 war Gießen das Ziel vieler Menschen, die aus purer Not gekommen sind. In kaum eine andere deutsche Stadt haben nach dem Zweiten Weltkrieg so viele Flüchtlingsbewegungen geführt.

Gegründet wurde das Lager am Meisenbornweg 1946 für „Displaced Persons", die nach dem Zweiten Weltkrieg eine neue Heimat suchten. Ab 1. September 1950 wurde es zum Notaufnahmelager für die Vertriebenen aus Osteuropa und später für Übersiedler aus der DDR. Bis zur Wiedervereinigung durchliefen etwa 900.000 DDR-Bürger das Lager auf ihrem Weg in den Westen. 1993 folgte die Umbenennung in Hessische Erstaufnahmeeinrichtung, seitdem wurden Spätaussiedler, Bürgerkriegsflüchtlinge aus Ex-Jugoslawien und Asylsuchende aufgenommen. In der sogenannten „Flüchtlingskrise" Ende September 2015 waren hier und in der Außenstelle – eine ehemalige Kaserne in der Rödgener Straße – zeitweise mehr als 5.500 Geflüchtete gleichzeitig untergebracht. Am 30. September 2018 wurde der Standort Meisenbornweg geschlossen. In Zukunft soll hier aufgrund der großen Bedeutung für die deutsch-deutsche Geschichte eine Gedenk- und Bildungsstätte entstehen.

Wir nutzen die Fußgängerüberführung des Parkhauses hinter dem **Jobcenter**, um zurück auf den Bahnhofsvorplatz und von dort in die Bahnhofstraße zu gelangen. Hier zeigt sich Gießen so, wie Gießen ist. Bunt und facettenreich, arm und wohlhabend, dreckig und herausgeputzt. Hier gibt es alles, was es auch in einer Großstadt gibt. Fast-food und Drogen, Coffee-to-go und Hehlerware, Bundespolizei, Punker, Obdachlose und IT-Experten, spannende Gastronomie-Konzepte, Protzbauten, Kulturdenkmale und Museen von Weltruf.

Nur wenige Schritte Richtung Innenstadt steht zum Beispiel das langjährige Sorgenkind der Gießener, die unter Denkmalschutz stehende **Alte Post**. Noch im Oktober 2018 schien es kaum vorstellbar, dass dieses Gebäude mitsamt dem dahinter stehenden his-

Die alte Post im neuen Glanz.

torischen Telegrafenamt wieder in altem Glanz erstrahlen würde. Das neugotische Gebäude wurde 1863 als Großherzogliches Postamt der Fürstlich Thurn und Taxisschen Postverwaltung errichtet. Mehr als 100 Jahre kauften die Gießener hier Briefmarken oder gaben Pakete auf. 1994 zog die Bundespost aus und verkaufte das Ensemble 1998 an eine Gießener Kaufmannsfamilie. Die ließ die Post zum Missfallen der Bürger und der Lokalpolitiker seitdem leer stehen und verfallen. Irgendwann waren die Schäden so immens, dass Sicherheitsvorkehrungen getroffen werden mussten, um die Passanten auf dem Gehweg vor herabstürzenden Teilen der Sandsteinfassade zu schützen.

Nach langen Auseinandersetzungen zwischen Stadt und Eigentümerfamilie zeigte letztlich der Druck der Denkmalbehörde sowie einer eigens gegründeten Bürgerinitiative zur Rettung der Alten Post im Jahre 2018 Wirkung. Die Kaufmannsfamilie veräußerte die Immobilien an einen heimischen Unternehmer, der sofort mit der Restaurierung begann. Heute haben sich in den ehemals vom Abriss bedrohten Gebäuden kreative Unternehmen angesiedelt. Dass das Areal durch die gastronomischen Angebote auch von der Öffentlichkeit genutzt werden kann, erfreut die Fans des Kulturdenkmals sehr. Stoßen Sie doch gern mal auf die Rettung des alten Gemäuers an.

Die **Neue Post** steht übrigens direkt gegenüber. Der „Protzbau" mit der spannenden Architektur war schon bei der Einweihung 1993 viel zu groß für die sich damals rasant verändernden Bedürfnisse eines Postamts. Der überwiegende Teil des 12.000 Quadratmeter großen und 75 Millionen Mark teuren Gebäudes wurde nie von der Post genutzt. Die großen Hallen, in denen Briefe und Pakete digital bearbeitet werden sollten, standen bis 2019 leer. Heute ist dort ein moderner Coworking-Space entstanden. Die Post hat das Gebäude bereits 2010 verkauft und ist seitdem nur noch Mieter einer Filiale mit kleinem Zustellstützpunkt, in dem die Gießener Briefträger ihre Sendungen sortieren.

Neben der Alten Post befindet sich das **Mathematikum**. Das erste mathematische Mitmachmuseum der Welt wurde 2002 im frü-

Das erste mathematische Mitmachmuseum der Welt.

heren, ebenfalls denkmalgeschützten Hauptzollamt eröffnet und genießt seitdem Ausnahmestellung. Es ist ein Gießener Leuchtturmprojekt, das als Schablone für eine ganze Reihe wissenschaftlicher Museen auf der ganzen Welt dient.

Liebig-Skulptur im Hof des Liebigmuseums.

Die Idee dazu ist während eines mathematik-didaktischen Proseminars an der Justus-Liebig-Universität entstanden. Gründer und Museumsdirektor Professor Albrecht Beutelspacher hatte 1993 seine Studierenden aufgefordert, ein geometrisches Modell zu bauen und die darin steckende Mathematik zu erklären. Die Modelle waren so gut, dass sie ausgestellt werden sollten. Neun Jahre später, am 19. November 2002, eröffnete der damalige Bundespräsident Johannes Rau das Mathematikmuseum. Im November 2019 wurde der 2.222.222. Besucher begrüßt. Neben den vielen Exponaten zum Anfassen, die in einer eigenen Werkstatt entwickelt und hergestellt werden, sind auch die häufigen Kunstausstellungen sehenswert.

Ebenfalls eine Ausnahmestellung genießt das **Liebig-Museum**, gleich um die Ecke in der Liebigstraße 12 gelegen. Es wurde 1920 in den Räumen des einstigen Labors von Justus Liebig eingerichtet und ist seither Ziel zahlreicher Besucher aus aller Welt. Die bereits 1910 gegründete Liebig-Gesellschaft möchte das Labor zum UNESCO-Weltkulturerbe erklären lassen, denn es ist ein bedeutender Ort der Wissenschaftsgeschichte, an dem Besucher die Fortschritte der Chemie authentisch nachspüren können. Wissenschaftler und Unternehmer wie Hofmann, Merck, Fresenius oder Erlenmeyer haben hier ihre Karrieren begonnen.

Von außen betrachtet erinnert das alte Wachgebäude einer Kaserne auch heute noch nicht an ein Chemielabor. Was der bedeutende Chemiker Justus Liebig (1803 – 1873), 1824 als 21-jähriger Wissenschaftler auf Empfehlung von Alexander von Humboldt von Großherzog Ludwig I. zum Chemieprofessor ernannt und nach Gießen geholt, dachte, als er seinen künftigen Arbeitsplatz sah, hat er Jahre später in einem Brief an Universitätskanzler Justin von Linde festgehalten. „Man gab mir vier leere Wände anstelle eines Laboratoriums", klagte der Wissenschaftler damals. Umso erstaunlicher, was später in Gießen entstand. Mit seinen revolutionären Ideen für Forschung und Lehre hat Liebig bis zu seinem Abschied aus Gießen 1852 aus dem alten Wachgebäude den noch heute gültigen Prototypen der modernen Chemielabore gemacht. Die Entwicklungsstufen sind im Liebig-Museum, an seinem tatsächlichen Wirkungsort, hautnah zu entdecken.

Besucher können die Atmosphäre zu Liebigs Zeit in Führungen und Experimentalvorlesungen erleben. Die Justus-Liebig-Gesellschaft pflegt und erhält das Denkmal. Öffnungszeiten: Dienstag bis Sonntag von 10 bis 16 Uhr. Tel.: 0641-76392. Email: info@liebig-museum.de

In seinem ersten Labor, Liebigs Keimzelle, arbeiteten bis zu zwölf Männer, zum Teil an offenem Feuer. Die Glaskolben und Gasbren-

Liebigs Originallabor

Einblick in das Innere des Labors.

ner, die Behälter mit Pülverchen und Tinkturen, alles wirkt so, als hätten der Chemieprofessor und seine Studenten gerade eben die Räume verlassen. Liebigs revolutionäre Ideen sind schon hier zu

Einblick in das Innere des Labors.

Liebigs Fünfkugelapparat

greifen: Ein Abzug zum Kamin über dem sogenannten Giftofen war seine Erfindung und der erste Schritt zum modernen Labor. Weitere folgten. 1833 wurde die Erweiterung des Labors genehmigt,

Liebig und der Silberspiegel

1839/40 folgte ein einstöckiger Anbau mit zwei geräumigen Laboratorien samt Hörsaal für 80 Studenten. Im Dachgeschoss hatte der Wissenschaftler seine Wohnung eingerichtet. Dass die Universität dies alles finanzierte und ihm zur Verfügung stellte, war ungewöhnlich. Doch der Erfolg gab ihm recht. Durch seine neuartigen experimentellen Lehrmethoden und wissenschaftlichen Veröffentlichungen erlangte Liebig Weltruhm und zog internationale Studenten an.

Von Anfang an war Liebig wichtig, aus seinen Entdeckungen auch Produkte abzuleiten, die der Menschheit zugute kommen. Er entwickelte den Silberspiegel, der den bis dahin gebräuchlichen Quecksilberspielgel ersetzte, dessen Herstellung zum qualvollen Tod der Arbeiter geführt hatte. Ihm gelang die Herstellung von Fleischextrakt durch die erstmalige Verwendung der bei der Häutegewinnung in Südamerika anfallenden riesigen Rindfleischmengen. Seine Säuglingsnahrung bewährt sich als Ersatz für Muttermilch und mit seinem Fleischinfusum gelang die Ernährung Schwerkranker. All diesen Errungenschaften können die Besucher im Museum nachspüren.

Besonders sehenswert sind freilich die beiden Labore und der Hörsaal, in dem noch immer die Sitzbänke stehen, auf denen Liebigs Schüler seinen Worten und Taten am Experimentiertisch folgten. Der Hörsaal ist per Durchreiche mit dem großen Labor verbunden, in dem nun die Feuerstellen verschlossen, die Arbeitsbereiche geschützt und mit Abzug versehen sind. Auch das sind Liebigs Errungenschaften in einem alten Labor.

Marc Schäfer

UND JETZT? Ein Besuch im Mathematikum und/oder Liebig-Museum ist auf jeden Fall zu empfehlen. Aber auch die Gastronomie hat ihren Reiz. Neben den Lokalen in der **Alten Post** oder dem **Telegrafenamt** empfiehlt sich das spanische Restaurant **Südwinde** (Reservierung empfohlen) in der Liebigstraße oder das **Justus**, nach Justus Liebig benannt, in der Frankfurter Straße.

Das „Mathematikum" öffnet eine neue Tür zur Mathematik. Auf 1.200 Quadratmetern stehen mehr als 170 Experimente zur Verfügung, an denen Besucher auf spielerische Weise Zugang zur Mathematik erhalten. Sie können sich an geometrischen Puzzles den Kopf zerbrechen, an sich selbst den goldenen Schnitt entdecken, eine Riesenseifenhaut um sich herum entstehen lassen oder sich in einem Spiegel unendlich oft spiegeln. Die Stärke des Museums ist die Präsentation wissenschaftlicher Phänomene in Form interaktiver Experimente. Für einen Besuch sollten Sie zwei bis drei Stunden einplanen. Wenn Sie das Museum möglichst ruhig genießen möchten, empfehlen sich die Nachmittage außerhalb der Ferien, besonders montags und freitags. Das „Mathematikum" befindet sich in der Liebigstraße 8. Das Parkhaus Bahnhofstraße ist 150 Metern entfernt (Tagesticket: 5 Euro). Der Zugang zu jedem Stockwerk des Museums ist barrierefrei möglich. Im Eingangsbereich müssen einige Stufen mit einem Treppenlift überwunden werden. Öffnungszeiten: Mo. bis Fr. von 9 bis 18 Uhr, Sa. und So. von 10 bis 19 Uhr. Geschlossen an Heiligabend, 1. Weihnachtsfeiertag und Silvester. Für Gruppen ist eine Anmeldung erforderlich. Eintritt: Erwachsene 9 Euro, erm. 6 Euro. Familien zahlen 18 Euro.

Spielerische Experimente

Das Universitätsviertel

Das Universitätsviertel

Herrliche Altbaufassaden, viel Grün und großstädtische Lockerheit: Das Universitätsviertel gilt als Gießens schönstes Wohnquartier. An lauen Sommerabenden trifft man sich auf dem Platz vor dem Uni-Hauptgebäude.

Dauer: 75 Minuten
Strecke: ca. 3 km
ÖPNV: Die Linien 3 und 13 (Petruskirche) halten direkt am Ausgangspunkt im Wartweg

Die Bewohner sind sich einig: Das Universitätsviertel ist Gießens schönstes Wohnquartier. In der Tat kann es kaum eine andere Ecke der Stadt mit dem Flair aufnehmen, für das die meist Ende des 19. Jahrhunderts entstandenen Villen früherer Fabrikanten und Direktoren sowie die um die Jahrhundertwende hinzugekommenen

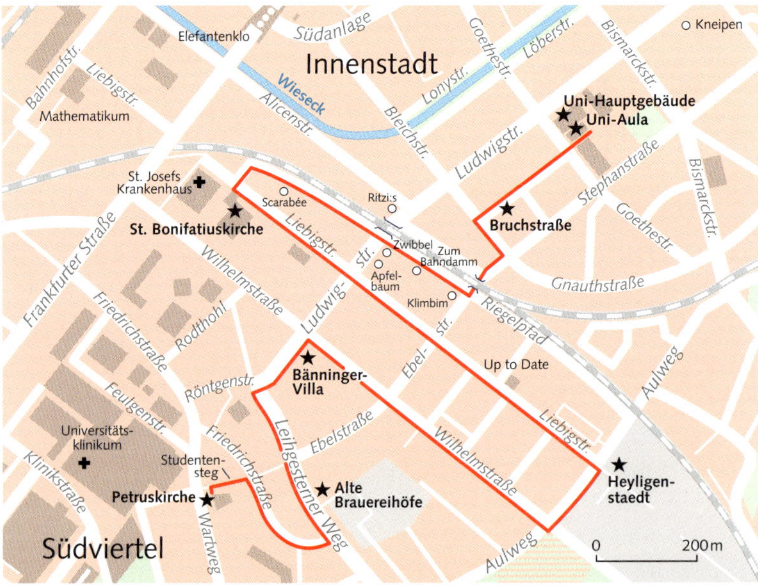

Grünes Idyll: Die Liebigstraße

Wohnhäuser mit ihren detailreichen Fassaden sorgen. Ein weiterer Pluspunkt ist die lockere Bebauung und der dadurch hohe Grünanteil. Wilhelm- und Liebigstraße versprühen sogar den Charme einer weiträumigen Allee. Hier lebt es sich fast großstädtisch. Aber entspannt. Jedenfalls wird nirgendwo sonst in Gießen so gelassen in zweiter Reihe geparkt. Dass die Gehwege und Vorgärten im Sommer unter einem riesigen Blätterdach im Schatten liegen, ist ein weiteres Alleinstellungsmerkmal dieser Straßenzüge, die wir nun erkunden werden.

Ausgangspunkt ist die **Petruskirche**. Sie wurde auf einem Felsen erbaut („Matthäus 16,18: Du bist Petrus, auf diesen Felsen will ich meine Kirche bauen") und thront seit 1962 an der höchsten Stelle des Viertels.

Von außen betrachtet mag das futuristisch anmutende Monument des Architekten Alfred Schild aus Stahlbeton und Natursteinquadern einer uneinnehmbaren Festung gleichen. Im Inneren jedoch strahlt das Gotteshaus Geborgenheit aus und erinnert an einen

Die Petruskirche

Schiffsrumpf, der die tosenden Unbilden der Welt fernhält. Die Petruskirche mit dem freistehenden 42 Meter hohen Glockenturm ist ein architektonisches Kleinod, dessen Zauber sich aber erst auf den zweiten Blick erschließt.

Zu den Besonderheiten zählen der 2,7 Tonnen schwere Altar, das Lichtband und die vielen bunten rechteckigen Scheiben in der ansonsten fensterlosen Front. Auch die im Fußboden angedeutete Weltkugel ist Kunst und Architektur zugleich. Durch sie hindurch führen Strahlen, die in zwei Richtungen deuten: Zum Altar, zu Jesus, und zur Gemeinde, zu den Menschen. Der neue Erdenbürger in der Mitte wird von beiden umfangen.

Die Gießener haben lange auf die Petruskirche warten müssen. Bereits 1932 wurde ein Kirchenbauverein gegründet, der das Grundstück erwarb, doch der Zweite Weltkrieg und die wirtschaftliche Situation der Nachkriegsjahre verzögerten den Bau, der 1960 aber doch genehmigt wurde. Die Petruskirchengemeinde war bereits 1929 durch die Ausdehnung der Stadt nach Süden entstanden. Als Behelf diente zunächst die winzige Petruskapelle im Alten Wetzlarer

Auch von innen architektonisch reizvoll.

Weg. Heute hat die Gemeinde knapp 3.000 Mitglieder. Immer wieder finden auch Patienten und deren Angehörige aus dem benachbarten Universitätsklinikum den Weg in das Gotteshaus.

UNIVERSITÄTSVIERTEL ★ Die Entwicklung des Viertels ist eng verknüpft mit Gießener Traditionsunternehmen – der Maschinenfabrik Heyligenstaedt, der Fittingsfabrik Bänninger, der Gail'schen Tonwaren- und der Gail'schen Zigarrenfabrik. Sie alle siedelten sich zwischen 1886 und 1920 nicht weit vom heutigen Universitätsviertel entfernt, jedoch von Wiesen und Feldern getrennt, an. Sie gehörten zu den größten Arbeitgebern der Stadt. Die Gail'schen Keramikfliesen brachten es zu Weltruhm: Mit ihnen wurde unter anderem der Hamburger Elbtunnel, die Londoner Tube-Station Piccadilly Circus sowie zahlreiche olympische Sportstätten ausgestattet. Am Standort im Erdkauter Weg erinnert heute nur noch eine Industriebrache an die Glanzzeiten des Unternehmens, das durch Insolvenzen, Übernahmen und Umfirmierungen gebeutelt war. Anfang 2020 haben die letzten Gail-Mitarbeiter das

Areal ins benachbarte Pohlheim verlassen, wo die Firma Gail Architektur Keramik heute ihren Sitz hat. Noch in den 1980er Jahren waren im Erdkauter Weg etwa 1.800 Menschen beschäftigt. Die Villen der Gründer dieser Fabriken zählen noch heute zu den Schönheiten des Viertels und tragen zum Teil deren Namen: Die **Bänninger-Villa** in der Ludwigstraße, die **Heyligenstaedt-Villa** in der Liebigstraße oder die **Gail'sche Villa** in der Wilhelmstraße, in der heute das Institut für Ernährungswissenschaften der Justus-Liebig-Universität untergebracht ist. Die Erfolge der Unternehmen sorgten auch dafür, dass in der Nähe der Fabriken immer mehr Häuser und Wohnungen entstanden.

Die Friedrichstraße bringt uns nun zum ehemaligen Standort eines bedeutenden Unternehmens im Leihgesterner Weg. Auf dem Gelände der ehemaligen Gießener Actienbrauerei gründete Conrad W. Poppe 1911 die „Gummiwarenfabrik Poppe + Co". Sie wurde zum größten Hersteller von Dichtungen aus Gummi und beliefert als das älteste kautschukverarbeitende Unternehmen Deutschlands noch heute von einem neuen Standort im Ohlebergsweg aus die Automobilindustrie. Zuletzt hatte das Unternehmen, das zur Veritas AG gehört, schwere Zeiten zu überstehen und musste 2020 einen Insolvenzantrag stellen. In den 1950er Jahren hatten im Leihgesterner Weg Einkochringe zu den Verkaufsschlagern gezählt.

Der Poppe-Keller

Im Zweiten Weltkrieg wurde der Firmensitz Schauplatz einer verheerenden Tragödie. Beim Großangriff auf Gießen am 6. Dezember 1944 kamen im **Poppe-Keller**, einem ehemaligen Bierkeller der Brauerei, vermutlich mehr als 100 der insgesamt fast 400 Opfer dieser Nacht ums Leben. Sie hatten in dem erst kurz zuvor als Luftschutzraum ausgewiesenen Gewölbe Zuflucht vor den Bomben der rund 250 britischen Lancaster-Maschinen gesucht, die am Nikolaustag zwischen 20 und 20.30 Uhr die alte Provinzhauptstadt Gießen dem Erdboden gleichmachten. Dass der Keller aufgrund seines hohen Gewölbes nur ein bis zwei Meter unter der Erde lag, wurde den Menschen zum Verhängnis. Heute stehen zwei der insgesamt zwölf früheren Keller unter Denkmalschutz. Poppe hat das Gelände 2012 verlassen. Nach der Konversion trägt das Areal nun wieder den Namen **Alte Brauereihöfe**. Es wird in Richtung Innenstadt von der **Weißen Villa**, dem ehemaligen Verwaltungsgebäude der Brauerei aus dem Jahr 1875, und dem dahinterliegenden für die Öffentlichkeit nicht zugänglichen Poppe-Park abgetrennt. Die markante Villa gilt als Beispiel für den „Gießener Spätklassizismus".

Die Tradition des Jugendstils indes ist an dem villenartigen Wohnhaus mit der Hausnummer 20 aus dem Jahre 1925 mit dem hohen Mansardwalmdach zu erkennen. Seltenheitswert hat auch das

Das ehemalige Verwaltungsgebäude der Brauerei aus dem Jahr 1875.

Einzigartige Holzbauweise

benachbarte bunte Wohnhaus in der für Gießen sehr ungewöhnlichen Holzbauweise. Reizend sind die sechsteiligen Fenster und die Klappläden mit den herzförmigen Zierlöchern.

An der Kreuzung zur Ludwigstraße befindet sich das **Mildred-Harnack-Fish-Haus**. Es ist eines von insgesamt neun Studentenwohnheimen mit zusammen 2.400 Plätzen, die das Studentenwerk in Gießen betreibt. 57 Studierende leben hier meist in Einzelappartements mit Sanitärraum und eigener Küchenzeile. Im Erdgeschoss gibt es eine Mensa. Seit 2016 erinnert der Name an die US-Amerikanerin Mildred Harnack-Fish, die 1941 in Gießen promoviert wurde. Während des Zweiten Weltkriegs gehörte sie gemeinsam mit ihrem Ehemann Arvid Harnack dem Widerstandsnetz Rote Kapelle an. 1942 wurden beide verhaftet. Harnack-Fish wurde zu sechs Jahren Zuchthaus verurteilt. Adolf Hitler persönlich ließ die Haftstrafe in ein Todesurteil umwandeln, das 1943 in Berlin-Plötzensee vollstreckt wurde. Von 1949 bis 2016 hatte das Studentenwohnheim zunächst Otto-Eger-Heim geheißen. Der Jurist hatte sich nach dem Ersten Weltkrieg für die sozialen Belange der Gießener Studentenschaft engagiert und maßgeblich Anteil am Bau des Gebäudes im Jahr 1929 als erstes Gießener Studentenhaus. Ein 2014 veröffentlichtes Dokument führte allerdings zur Neubewertung seines Verhaltens während der Zeit des Nationalsozialismus und damit zur Umbenennung.

Ein grünes Idyll versteckt sich am Leihgesterner Weg auf der gegenüberliegenden Straßenseite. Von außen sieht das alte Kutscher-

Direkt gegenüber stehen das Mildred-Harnack-Fish-Haus und ein Wohnhaus, in dem eine Reithalle versteckt ist.

wohnhaus aus dem Jahr 1934 aus wie ein gewöhnliches Wohnhaus. Nur eine kleine Figur am Giebel verrät, was sich im Inneren verbirgt: Die letzten Pferde der Innenstadt leben hier Tür an Tür mit Menschen. Hinter der Haustür führt eine flache Holztreppe in die private Reithalle.

Zu dem Ensemble gehört auch das idyllische Gärtnerhaus aus dem Jahr 1919, das sich entlang der Ludwigstraße unter altem Baumbestand versteckt.

Früher Gärtnerhaus, heute Wohnhaus.

Viel Grün umrandet die Villa Bänninger.

Am unteren Ende dieses Areals thront die **Villa Bänninger**. Das repräsentative großbürgerliche Haus wurde 1887 von Georg Hess erbaut, dem damaligen Direktor der Actienbrauerei. Die Villa wechselte mehrmals den Besitzer, ihren heutigen Namen hat sie der Fabrikantenfamilie Bänninger zu verdanken. Der Schweizer Karl Bänninger I. hatte 1909 die Fittingsfabrik Bänninger gegründet, die unter seinen Söhnen Karl II. und Max im Jahr 1968 im Erdkauter Weg mehr als 1.000 Menschen beschäftigte. Heute ist die Villa in Familienbesitz und an das Horst-Eberhardt-Richter-Institut für Psychoanalyse und Psychotherapie vermietet.

Der Psychoanalytiker, Psychosomatiker und Sozialphilosoph Richter (1923 – 2011) hatte seinen Arbeitsplatz in der Villa. Er gilt als Pionier der psychoanalytischen Familienforschung und als Leitfigur der Friedensbewegung. Er gründete 1982 die westdeutsche Sektion der Ärzte zur Verhütung des Atomkriegs, die für ihr Engagement 1985 den Friedensnobelpreis erhielt und machte Gießen so zu einem Zentrum der Friedensbewegung. Das Bundesverdienstkreuz lehnte der Ehrenbürger der Stadt dreimal ab, da zu viele Altnazis es erhalten hätten.

Wir biegen in die Wilhelmstraße ein, genießen die Atmosphäre dieser Straße, in der freiwerdende Wohnungen fast ausschließlich unter der Hand vermarktet werden, und bestaunen die vielen detailreichen Fassaden der Wohnhäuser. Sie sind meist um die Jahrhundertwende entstanden.

Besonders auffällig: Das Landhaus mit den asymmetrisch angeordneten kleinteilig gesprossten Fenstern aus dem Jahr 1922 (Wilhelmstraße 32), das von dem bekannten Architekten Hermann Muthesius entworfen wurde, sowie die Sandstein-Ornamente und der Eingangsbereich mit Frauenmaske und Adler, die die Jugendstilvilla (Wilhelmstraße 35) aus dem Jahr 1907 schmücken. Einzigartig für Gießen ist auch der rechte Teil des Doppelwohnhauses (Wilhelmstraße 45): Nirgendwo sonst finden sich solche hufeisenförmigen Nischenbalkone aus dem Jugendstil.

Auch auf der gegenüberliegenden Seite befinden sich zwei imposante Anwesen mit besonderer Geschichte. Hier residieren die **Studentenverbindungen Starkenburgia und Wingolf**. Das Haus der

Jugendstilvilla und hufeisenförmige Nischenbalkone.

Residenz der Studentenverbindung Wingolf

Starkenburgia wurde 1894 eingeweiht. Der von Weitem sichtbare markante Turm ist an die Ruine der Feste Starkenburg bei Heppenheim angelehnt. Dort war zunächst das Rekrutierungsgebiet der bis heute schlagenden und Farben tragenden Verbindung. In Gießen gibt es etwa 20 Verbindungen. Im Stadtbild ist dies allerdings nur selten erkennbar, auch weil die Verbindungshäuser anders als in anderen Unistädten hier in verschiedenen Stadtvierteln stehen.

Das Leben hinter den Mauern der pompösen „Starkenburg" unterliegt einem rigiden Regelwerk, das für Neulinge, die sogenannten Füchse, strengen Unterricht, die Fuchsenstunde, und Fechttraining vorsieht. Die Starkenburgia gehört zu den traditionellen Verbindungen und bezeichnet sich selbst als die älteste noch existierende. Sie gibt an, 1826 gegründet worden zu sein. Aktuell hat das Corps etwa 200 Mitglieder, davon fünf bis zehn Neulinge pro Jahr. Um Vollmitglied zu werden, muss man sich einer bestimmten Anzahl an Fecht-Pflichtpartien unterziehen, die dem Fecht-Comment unterliegen. Das Trinken von Alkohol dient in den Verbindungen nicht etwa

Kneip-Saal der Wingolf

bloß geselligen Zwecken, sondern vor allem als Erziehungsmittel. Es unterliegt ebenfalls einem strengen Regelwerk. In den Häusern sieht es oft noch aus, wie vor 100 Jahren. Häufig sind große Kneip-Säle für zum Teil bis zu 100 Personen prägend, ein Fechtboden sowie eine repräsentative Bibliothek. Die als Männerbünde konzipierten Lebensbund-Gemeinschaften halten sich bis heute, es gibt aber immer wieder Proteste gegen die als Seilschaften verschrienen Institutionen.

Wir schlendern weiter und widmen uns dem Neuen Bauen der Zwischenkriegsjahre. In der Wilhelmstraße 67–71 entstand 1929 in Anlehnung an die Bauhaus-Moderne durch die Siedlungsgesellschaft für das Verkehrspersonal aus Darmstadt ein markanter Bau. Die Architektur mit den gerundeten Hauskanten und den fünfteiligen Fensterbändern wurde von der Stadtgesellschaft damals aber abgelehnt. Zu modern. Bereits geplante angrenzende Gebäude gleicher Form wurden daher nicht realisiert. Aufgrund der dunklen Fassadenklinker und weil das Dachgeschoss durch das umlaufen-

Die Kakaodose

de Gesims wie ein Blechdosendeckel auf dem Gebäude aufzusitzen scheint, trägt das Haus den Spitznamen **Kakaodose**.

Auf der anderen Seite des Aulwegs beginnt mit dem Firmengelände von Heyligenstaedt das (ehemalige) Industriegebiet. An dieser Stelle zeigt sich, dass Wissenschaft, Forschung und Lehre der Industrie und dem Handwerk in der Stadt längst den Rang abgelaufen haben. Während auf der Anhöhe des Seltersbergs der naturwissenschaftliche Campus der Justus-Liebig-Universität mit dem Interdisziplinären Forschungszentrum, der Neuen Chemie und dem Fraunhofer-Institut für Bioressourcen thront, liegen im Tal mittlerweile umgewandelte oder noch immer brachliegende Industrieflächen.

Als Beispiel für eine vorbildliche Konversion gilt das **Hotel und Restaurant Heyligenstaedt**, das 2012 in ehemaligen Werkshallen der gleichnamigen Werkzeugfabrik eröffnet wurde. In der Alten Gießerei werden heute Familien- und Firmenfeste gefeiert. Nebenan soll bald ein neues Stadtviertel entstehen.

Wir bummeln weiter durch die Liebigstraße mit ihrem alten Baumbestand und nähern uns dem Herzen des Universitätsviertels,

Heyligenstaedt ist heute ein Restaurant und Hotel.

das von vielen Gießenern auch schlicht Südviertel genannt wird. Nirgendwo sonst vermittelt die Stadt so sehr ein Gefühl von Laissez-faire.

Hier wohnen der Präsident der Universität und die Oberbürgermeisterin in Nachbarschaft zu Professoren, Akademikern, Lehrerehepaaren, Studenten in Wohngemeinschaften und alleinstehenden Senioren in riesigen Altbauwohnungen mit Stuck und hohen Decken. Auch die Grünen haben hier ihr Büro. Bis 2010 betrieb der Gießener Martin Kalbfleisch an der Eckc zur Ebelstraße einen Herrenclub. Es war das erste Lokal für homosexuelle Männer in der Stadt. Eröffnet hatte er 1970, nur ein Jahr nach der Gesetzesreform, mit der Homosexualität in Deutschland straffrei geworden ist. Auch das wäre wohl in keinem anderen Viertel der Stadt möglich gewesen.

Dass hier früher ein geschäftiges Treiben herrschte, erkennt man heute nur noch an den zugemauerten Ladentüren oder an Treppen, die nicht so recht zu den Wohnungen passen. Bäcker, Metzger, Kolonialwarenhandel, selbst eine Tankstelle gab es in der Nachbarschaft. Das ist mittlerweile anders. Heute treffen sich die Anwohner

Treffpunkt des Viertels: Die Buchhandlung UPTODATE.

im **Salon Local** bei Frisörin Christina Taska und ihrer Mutter Avgula oder in der Buchhandlung **UPTODATE** zu einem Schwätzchen. Die Inhaber Gunter Schlegel und Ralf Sommerkorn sind die gute Seele des Viertels. Neben Büchern haben sie auch die ein oder andere Flasche Wein, Marmelade, Seife, Decken, Porzellan oder Kleinkunst im Sortiment. Für Kundschaft und Nachbarschaft gibt es bei den beiden auch immer einen frisch gebrühten Kaffee, eine Empfehlung für ein besonderes Buch oder einfach nur ein nettes Wort.

Eine weitere stattliche Villa mit einer besonderen Geschichte erreichen wir an der Ecke zur Ludwigstraße. Erbaut wurde sie im Jahr 1883 vom Ingenieur Georg Koch. Er lebte dort mit seiner Frau und sechs Kindern, einer Küchenhilfe und einem Dienstmädchen. Koch brachte es als Briefmarkensammler zu Weltruhm. Bei einer Auktion im traditionsreichen Pariser Hotel Drouot im Jahr 1908 wurde seine General-Sammlung „Deutschland und die Welt" für die damals gewaltige Summe von etwa 320.000 Reichsmark versteigert – nach heutigem Ermessen weit über eine Million Euro. Koch starb 1925. Seine Sammlung gilt bis heute als eine der bedeutendsten Briefmarken-Kollektionen der Welt. Später lebte der Gießener Seifenfabrikant Möbs in der Villa. Mittlerweile ist sie – wie unschwer zu erkennen ist – in Besitz einer Versicherungsgruppe.

Wer weiter in der Stadtgeschichte stöbern möchte, kann das im gegenüberliegenden Copy-Shop tun. Inhaber Bernd Passinger ist ein leidenschaftlicher Sammler. Er hat hunderte Postkarten aus dem alten Gießen zusammengetragen und gibt gern Auskunft darüber. Wir schlendern die Liebigstraße entlang, vorbei an der **Villa Heyligenstaedt** aus dem Jahr 1886, die Initialen des Firmengründers Louis Heyligenstaedt, deren Unternehmensgeschichte hier begann, sind im Zaun eingearbeitet. Ein wenig versteckt in einem parkähnlichen Garten gegenüber steht die **Wolf'sche Villa**. Die frühgründerzeitliche Fabrikantenvilla entstand 1874 als eines der ersten Häuser an der Liebigstraße, noch vor deren Ausbau. Nebenan ist heute eine Kindertagesstätte untergebracht, früher wohnte der bislang einzige FDP-Bürgermeister der Stadt, Otto Heinz Engler (1948–1954), in diesem Gebäude. Es ist eines der wenigen, die in Gießen zur Zeit des Nationalsozialismus entstanden sind. Damals war die Kreisleitung der NSDAP hier untergebracht.

Wir nähern uns nun der **Kirche St. Bonifatius**. Sie ist die katholische Hauptkirche der seit der Reformation traditionell protestantischen Stadt. Die dreischiffige Basilika entstand in zwei Bauphasen

Die Villa Heyligenstaedt: Keimzelle des Unternehmens.

Ehemals NSDAP-Sitz, heute Kindertagesstätte.

Die Bonifatiuskirche, deren Bronzeportal Szenen aus dem Leben des heiligen Bonifatius zeigt.

von 1902 bis 1905 und von 1934 bis 1936 im Stil der Neugotik. Die Kirchengemeinde dient als geistige Heimat der Christen aus dem Süden der Stadt, einschließlich der Stadtteile Allendorf und Kleinlinden. Weitere Gemeinden entstanden erst mit dem Zuzug Vertriebener ab 1945. Später gesellten sich Aussiedler und Gastarbeiter hinzu. Stolz ist man auf die 2015 angeschaffte neue Orgel, die „Perle der Empore“, aus der Werkstatt des Orgelbauers Hermann Eule aus Bautzen. Wer die wenigen Stufen nicht scheut, kann die Kirche einmal umrunden. Sehenswert ist auch das große Bronzeportal. Es zeigt auf acht Relieffeldern Szenen aus dem Leben des Heiligen Bonifatius.

Kurz vor dem Eingang zum **St. Josefs Krankenhaus Balserische Stiftung**, das auf das Jahr 1899 zurückgeht, biegen wir in den Riegelpfad ab und erreichen den Schauplatz einer denkwürdigen Drogenrazzia mit dem Codenamen „Unternehmen Güterzug“. In den

Die Ludwigstraße

1970er Jahren entwickelten sich der Riegelpfad und das früher unter den Gleisen hindurch verlaufende Essiggässchen, das seinen Namen von der benachbarten ehemaligen Senf- und Essigfabrik Quambusch hat, zu einem Drogenumschlagplatz. Im August 1973 holte die Polizei zum Gegenschlag aus und ließ 200 Beamte aus einem eigens dort abgestellten Güterzug springen, um die Drogenszene aufzumischen. 107 Menschen wurden damals kontrolliert, darunter 42 amerikanische Soldaten, 17 Dealer überführt und fast 100 gefälschte Rezepte sichergestellt. Die 1962 eröffnete Keller-Diskothek **Scarabee** hat das alles überlebt. Das „Scara" ist heute der älteste Club der Stadt.

Viele andere Kneipen und Bars sind rund um die Ludwigstraße mittlerweile verschwunden, wurden zu Wohnungen umgebaut oder haben ihre DNA verändert. Die Namen Heck-Meck, Miljöö, Havanna, Unikum, Andechs, Leierkasten oder Oktave hallen aber auch heute noch auf der Ludwigstraße nach. Mit den größten Anlaufstellen **Zwibbel, Apfelbaum** und **Ritzis** gilt sie noch immer als Gießens Kneipenmeile, sie ist mit den 70er und 80er Jahren aber nicht mehr zu vergleichen, als der Biergarten der Zwibbel, auf den wir nun blicken, regelmäßig bis auf die Straße ausgeweitet worden ist. Ein kleiner Geheimtipp für Gäste, die es ruhiger mögen, ist die Weinbar **Trocken und Lieblich** – im Sommer schmecken Wein und die belegten knusprigen Tartines vor allem in dem schnuckeligen Hinterhof.

Wir folgen der Bahnlinie, gehen am Kult-Lokal **Zum Bahndamm** und der urigen Bier-Kneipe **Klimbim** vorbei, und nehmen dann die Unterführung in die Ebelstraße.

ZUM BAHNDAMM ★ Gießen, wie es früher war? Das gibt es heute nicht mehr oft. In der Gaststätte „Zum Bahndamm" aber, da ist die Zeit ganz sicher stehengeblieben. Und das ist gut so. Bei „Mutter Gerbig", der Name geht auf Seniorchefin Konstanze Gerbig zurück, gibt es Schnitzel, Pommes, Bier vom Fass und Schnaps. Kein Schnickschnack. Das war schon immer so. Das wird so bleiben. Der „Bahndamm" wurde 1952 eröffnet. Es ist die älteste familiengeführte Gaststätte der Stadt. Anfangs kamen vor allem Handwerker und Arbeiter der umliegenden Unternehmen, die einen Rollmops oder eine Frikadelle zum mitgebrachten Brot bestellten. Später folgten die Studenten, darunter der spätere Bundespräsident Frank-Walter Steinmeier. Und heute? Das Publikum ist bunt gemischt. Die Gäste schätzen die großen Schnitzel, aber auch die urige Atmosphäre.

Für viele Gießener ist die Bruchstraße die schönste Straße der Stadt.

Im Sommer ist der Platz vor dem Uni-Hauptgebäude der Treffpunkt vieler Studenten.

Hier unter den Gleisen kann man manchmal schon frische Backwaren aus der Bruchstraße riechen. Zweifellos Gießens schönstes Sträßchen mit Kopfsteinpflaster, Klinkerhäuschen und malerischen Gärten dahinter. Die Kneipe **Zum grünen Kranz** steht wie die meisten anderen Gebäude unter Denkmalschutz. Das gilt auch für den Weinstock am Haus. Im Juni lockt das Bruchstraßenfest regelmäßig hunderte Besucher an. Und vor der Bäckerei Braun bilden sich am Wochenende häufig lange Schlangen. Kein Wunder, wenn solch ein Duft durch die Straßen zieht.

Jetzt noch einmal ums Eck: Am **Hauptgebäude der Justus-Liebig-Universität**, dem prägenden Gebäude des innerstädtischen Campus endet der Rundgang. Hier schlägt der Puls des Südviertels an lauen Sommerabenden am deutlichsten. Hunderte Gießener, meist Studierende, kommen zusammen, hören Musik, reden, flirten und feiern. Tun wir es ihnen nach und setzen uns zum Ausklang am besten mit einem Fläschchen Gießener Schlammbeiser-Bier aus dem **Kiosk Marbobo** auf die Eingangsstufen und blicken auf die Platanen. So schön kann Gießen sein! *Marc Schäfer*

Und jetzt? In der Nachbarschaft zum Uni-Hauptgebäude haben Sie zahlreiche Möglichkeiten zur Einkehr. Italienische Küche gibt es in der **Nudelstube** in der Ludwigstraße 36. Ein gepflegtes Bier und kleinere Snacks bietet das **Kaffee Wolkenlos** in der Goethestraße 61. Und für Kaffee und Kuchen bietet sich das **Kuchen und so** am Ludwigsplatz an.

Von Campus zu Campus

Von Campus zu Campus

An Universität und Technischer Hochschule sind knapp 40.000 Studierende eingeschrieben. Sie bereichern das gesellschaftliche und kulturelle Leben und sorgen indirekt dafür, dass Gießen auch städtebaulich attraktiver wird.

Dauer: 90 Minuten
Länge: 6,2 km
ÖPNV: Linien 12, 15, 5 (Landgericht) oder Linie 7 (Schwanenteich)

Anfang Oktober, kurz vor Beginn der Einführungswochen an den Gießener Hochschulen, ist es besonders auffällig. Gestresste Väter irren in gemieteten Kleintransportern durch Gießens Straßen und parken voller Verzweiflung quer auf den Bürgersteigen. Genervte Geschwister schleppen Matratzen durch enge Treppenhäuser, während Mütter mit dem Kopf schütteln: So ein kleines Zimmer für so viel Geld?

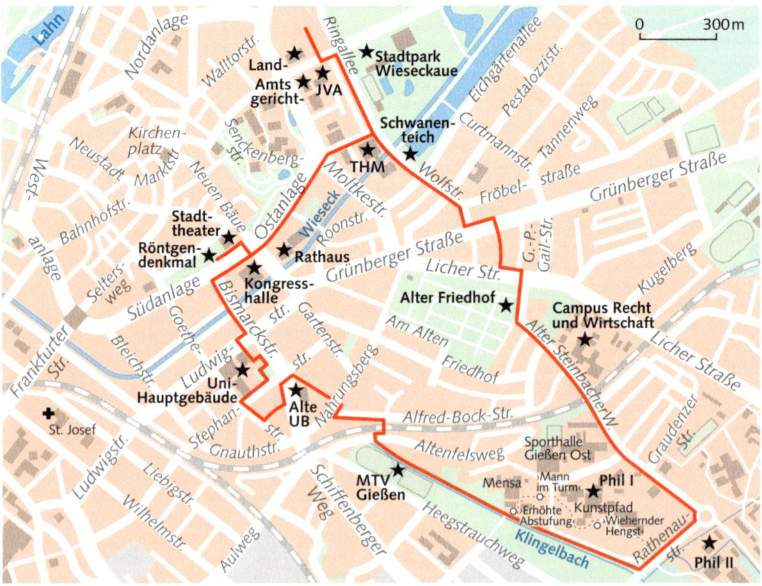

Bei vielen der zwischen 8.000 und 10.000 Erstsemestern, die Jahr für Jahr ihr Studium an der Justus-Liebig-Universität oder der Technischen Hochschule Mittelhessen beginnen, läuft der Umzug nach Gießen so oder so ähnlich ab. Wenige Tage später werden sie in der Einführungswoche auf dem Universitätsplatz vor dem **Uni-Hauptgebäude** in der Ludwigstraße erste Bekanntschaften mit ihren Kommilitonen machen und dann in kleinen Gruppen und dem ein oder anderen Fläschchen Bier in der Hand in der Innenstadt Kennenlernspiele veranstalten. Herrlich! Es ist die Zeit, wenn in Gießen nach den langen Sommerferien wieder richtig Leben einzieht. Ob das auch nach der Corona-Pandemie wieder so sein wird?

Gießen ohne Studis? Das ist gar nicht auszudenken. Natürlich bringt die hohe Zahl an Studierenden, etwa 28.000 bei knapp 90.000 Einwohnern, auch Probleme mit sich. Nicht alle leben in der Stadt, trotzdem sind die Stadtbusse überfüllt, der Parkdruck hoch und der Wohnungsmarkt angespannt. Das hat aber auch zu reger Bautätigkeit geführt.

Ein neuer Trend ist das sogenannte All-inclusive-Wohnen in Wohngemeinschaften mit klitzekleinen, aber sehr modern und voll ausgestatteten Studentenzimmern und großzügigen Gemeinschaftsräumen. Vor allem im Südviertel werden große Stadthäuser aufgekauft und geräumige Wohnungen in Mini-Appartements umgebaut. Hübsch anzusehen ist das zwar, da die Häuser herrlich herausgeputzt werden, es sorgt aber auch dafür, dass der Wohnraum für Familien in der Stadt immer knapper wird.

Grundsätzlich profitiert Gießen natürlich von den vielen Studierenden und nimmt sie nicht als Belastung wahr. Sie bringen neue Ideen mit, bereichern das kulturelle Leben der Stadt mit eigenen Initiativen. Einige wie „Gießen kocht!", der „WG-Flohmarkt" oder der „Stadtacker" haben sich längst auch außerhalb des studentischen Publikums etabliert. Zudem sorgen die Studierenden dafür, dass neue Trends sehr schnell nach Gießen kommen. Die mehr als 2.500 ausländischen Studierenden verleihen der Stadt außerdem etwas Internationales.

Kunstprojekt auf dem THM-Campus.

Die Hochschulen wirken für die Stadt und die Region wie ein Staubsauger, sie ziehen junge Menschen und kluge Köpfe an. Beim sogenannten „Bildungswanderungssaldo", der aussagt, wie viele Menschen in der Altersklasse der 18- bis 24-Jährigen zu- oder weggezogen sind, lässt die Mittelhessen-Metropole regelmäßig sogar Städte wie Berlin, Hamburg oder München hinter sich. Die Hochschulen sind auch Innovationstreiber. Startups entwickeln sich aus dem studentischen Umfeld, in das städtische, umliegende Unternehmen profitieren, andere siedeln sich extra in Gießen an, um Studierende und Absolventen für sich zu gewinnen.

Für die Studierenden ist das Schöne an Gießen, dass die Stadt groß genug ist, um sich zu verwirklichen, und klein genug, um sich nicht zu verlieren. Gießen zersplittert nicht in verschiedene Stadtteile, dadurch ist es leicht, die Universität als Zentrum des Lernens, aber auch des Lebens wahrzunehmen. Man trifft sich in Gießen immer zweimal. Auch das kann ein Vorteil sein.

Ausgangspunkt des Rundgangs ist der **Campus D** der Technischen Hochschule Mittelhessen in der Gutfleischstraße. Auf einer ehemaligen Brache ist dort über mehrere Abschnitte ein modernes **Labor- und Technologiezentrum** (LTZ) entstanden. Das bislang größte Bauprojekt der THM wurde 2019 mit der Einweihung von drei neuen Gebäuden fertiggestellt. Seitdem beheimatet der modernste Campus der Hochschule die Fachbereiche Life Science Engineering, Mathematik, Naturwissenschaften und Informatik und ein nettes Café mit einer ansprechenden Außenanlage.

Ergänzt wird das Ensemble durch 52 rote Bronzestühle, die als ästhetische Objekte aber auch als Gebrauchsgegenstände fungieren. Künstler Ernst Stark knüpft mit seinem Projekt „Campus" an das Werk von Jean Prouvé an, der den Stuhl Cité im Jahr 1930 für ein Studentenwohnheim in Nancy entworfen hat. Seinen Stuhl hat Stark in Originalgröße aus einem Eichenstamm herausgeschlagen, in Bronze abgießen und in Anlehnung an den Originalfarbton rot patinieren lassen. Auch in Nancy gab es damals 52 Stühle, einen pro Studentenzimmer.

Wir verlassen den Campus in Richtung Gutfleischstraße, in der die Gießener Justiz ihr Zentrum hat. Das **Amtsgericht** befindet sich seit 1916 an dieser Stelle. Es ist durch eine im Volksmund „Höhere Beamtenlaufbahn" genannte Seufzerbrücke mit dem **Landgericht** verbunden. Die **Justizvollzugsanstalt**, in der heute bis zu 128 Inhaftierte einsitzen können, wurde 1879 hinter dem Landgericht erbaut.

Das benachbarte Mittermaier-Haus für Freigänger erinnert an den Gießener Juristen Wolfgang Mittermaier, der von 1903 bis zu seinem Tod 1956 an der Universität gelehrt hat. Er war Verfechter der Humanisierung des Strafrechts; außerdem forderte er das Ende der damals noch gültigen Todesstrafe sowie eine Reform des Gefängniswesens. Durch seine Zivilcourage ermöglichte er dem mittlerweile verstorbenen Ehrenbürger der Stadt, Dr. Abraham Bar Menachem, zu einer Zeit zu promovieren, als Nationalsozialisten bereits jüdische Bürger verfolgten.

Über die **Ringallee**, vorbei am größten Hallen- und Freibad Gießens, nähern wir uns dem **A- und C-Campus** der THM zwischen Wiesenstraße, Moltkestraße und Eichgärtenallee – von Weitem an den beiden Hochhäusern zu erkennen.

THM-Campus Wiesenstraße

Der Ursprung der THM liegt in der Handwerkerschule des Ortsgewerbevereins, die 1838 gegründet worden ist. Aus ihr ging 1925 die Gewerbe- und Maschinenbauschule hervor. Nach dem Zweiten Weltkrieg wurde sie zum Polytechnikum und 1954 zur Städtischen Ingenieurschule. In dieser Zeit wurden die Studenten noch im Keller des beschädigten Neuen Schlosses am Brandplatz unterrichtet. Erst in den 1960er Jahren entstand auf dem heutigen Campus Wiesenstraße das erste der beiden mehrgeschossigen Gebäude. 1971 wurde die Ingenieurschule in Fachhochschule umbenannt.

Seitdem ist viel passiert. Die Wiesenstraße wurde für den Verkehr gesperrt und immer weiter bebaut. Heute ist der Bereich zu einem wichtigen Zentrum der THM mit Info-Center, Mensa, Hörsaal und Fitnessstudio geworden. Die Bautätigkeiten sind allerdings auch heute noch nicht beendet. Bis 2025 soll die letzte Lücke zwischen den Hochhäusern geschlossen werden. Nötig ist das, da der prognostizierte Flächenbedarf der THM auch nach den Bautätigkeiten bis zum Jahr 2025 gut acht Prozent höher sein wird als die tatsächlich zur Verfügung stehende Fläche.

Obwohl die THM in den letzten Jahren in Gießen mehr als 150 Millionen Euro verbaut hat, sind die räumlichen Ressourcen langsamer gewachsen als die Studierendenzahlen. Die Auslastung der Hochschule lag im Jahr 2020 bei 140 Prozent. Entspannung würde sich nur einstellen, wenn sich die Erstsemesterzahlen auch in Gießen weiterhin leicht rückläufig entwickeln. Die Kultusministerkonferenz erwartet nach 2022 aber wieder einen Anstieg.

Grundsätzlich wächst die THM seit Jahren enorm: Im Wintersemester 2000/01 waren am Standort Gießen 4.812 Studierende eingeschrieben, im Wintersemester 2019/20 waren es schon 11.500 in mittlerweile sieben Fachbereichen. Nach Köln und Hamburg ist die THM die drittgrößte Hochschule für Angewandte Wissenschaft in Deutschland.

Um den Flächenbedarf einigermaßen zu decken, kommt die Hochschule regelmäßig auf kreative Ideen. Der Fachbereich Gesundheit nutzt eine ehemalige Klinik an der Nordanlage, der Fachbereich Management und Kommunikation ein ehemaliges Theaterstudio im Löbershof und auch das Kino Roxy in der Grünberger Straße stand nicht lange leer. Die THM mietet das Objekt und nutzt den Kinosaal als Hörsaal. Auch mit dem **Kinopolis** am Berliner Platz gibt es eine Kooperation. Vormittags finden in einigen Kinosälen Vorlesungen statt. Popcorn gibt es dann allerdings nicht.

Aus dem ehemaligen Landratsamt ist das administrative Hauptquartier der THM geworden.

Kein Wunder, dass die THM in der Stadt oft als grüne Krake bezeichnet wird. Sie greift sich immer mehr Fläche, stößt nun an die Grenzen der Wohnbebauung. Gießen profitiert allerdings sehr von der baulichen Entwicklung. In den vergangenen Jahren sind hochwertige Campusbereiche entstanden, mit denen die THM zum einen im Wettbewerb um Studierende punkten will, zum anderen aber auch die städtebauliche Entwicklung der Stadt antreibt.

Unser Weg führt an der Ostanlage entlang, an einem weiteren Beispiel für kreative Anschlussverwendung vorbei. Aus dem denkmalgeschützten **ehemaligen Landratsamt** hat die THM 2011 ihr administratives Hauptquartier gemacht. Hier sitzt das **Präsidium**. Die Bezeichnung THM trägt die Hochschule übrigens auch erst seit 2011. Der neue Name sei Ergebnis einer Leistungssteigerung in Lehre, Forschung und Weiterbildung, hieß es beim Festakt zur Umbenennung. Der Slogan der Hochschule heißt: Talente, Technik, Zukunft.

Auf der gegenüberliegenden Straßenseite des Anlagenrings befindet sich in der Grünanlage das **Denkmal** für den Namensgeber der Universität: Justus Liebig. Zumindest das, was davon übriggeblieben ist. 1890 wurde an dieser Stelle ein imposantes Marmordenkmal eingeweiht, das Liebig in Lebensgröße auf einem Sockel zeigte.

Beim Einmarsch der Amerikaner im März 1945 wurde es jedoch zerstört. Voller Übermut sollen amerikanische Soldaten damals mit

Liebig-Denkmal früher und heute.

ihren Panzern an der Ostanlage ein Zielschießen auf Liebig veranstaltet haben. Nur der Kopf konnte erhalten werden. 1952 wurde eine Säule, ausgestattet mit einer Bronzekopie dieses Kopfes, an alter Stelle aufgestellt. Beurteilen Sie selbst, ob das schlichte Denkmal der Bedeutung des berühmten Wissenschaftlers gerecht wird.

Auch am **Berliner Platz** hat die THM derzeit Flächen angemietet. Damit trägt sie auch dazu bei, dass der Platz mehr ist als ein Verkehrsknoten zum Ein-, Aus- oder Umsteigen. Das war er nämlich vor seiner Umgestaltung. Seitdem versprüht er etwas großstädtisches Flair, hier feiern die Gießener große Siege der Fußball-Nationalmannschaft oder auch Silvester, hier demonstrieren sie und treffen sich, um auszugehen. Für THM-Studierende ist der Berliner Platz eine kleine Insel zwischen Verwaltung, Hörsaal und dem Fachbereich Bauwesen und Architektur in der Bismarckstraße, den wir nun ansteuern.

Ein schöner Zufall, dass wir auf dem Weg zu den angehenden Architekten ausgerechnet an einem der schönsten Häuser an der Südanlage vorbeikommen. Das imposante Gebäude mit dem reich verzierten Eingangsportal an der Ecke zur Bismarckstraße war früher Sitz der Ricker'schen Universitätsbuchhandlung, die sich heute deutlich weniger repräsentativ in einem kleinen Ladenlokal am Ludwigsplatz befindet.

Häufig lohnenswert: Der Blick auf Fassaden.

Auf der anderen Straßenseite beginnt der **E-Campus** der THM, der sich vom **Hugo-von-Ritgen-Haus** an der Südanlage, in dem früher das renommierte Landgraf-Ludwigs-Gymnasium

Das Hugo-von-Ritgen-Haus wird heute von der THM genutzt.

untergebracht war, bis zum ehemaligen Direktorenwohnhaus und dem Hausmeister-Häuschen des LLG zieht. Man sieht auf den ersten Blick, wer damals in welchem Haus gelebt hat. Das von Professoren, Studierenden und Mitarbeitern zum Teil in Eigenleistung sanierte und für die studentischen Zwecke hergerichtete Ritgen-Haus ist das zentrale Domizil des Fachbereichs, dessen Campus zuletzt um zwei Gebäude erweitert wurde. In einem ist eine moderne Modellwerkstatt eingerichtet.

Im **Theaterpark** gegenüber steht übrigens nicht nur das **Röntgen-Denkmal**, das an die Gießener Zeit des Entdeckers der Röntgen-Strahlen erinnert, sondern auch eine Büste von Hugo von Ritgen (1811 – 1889). Sie ist so ausgerichtet, dass der Architekt genau auf das nach ihm benannte Haus blickt. Es trägt seinen Namen, da er einer der Initiatoren zur Gründung der Handwerkerschule war. Sie erinnern sich? Die Schule war ein Vorläufer der heutigen THM. 1878 übernahm er deren Vorsitz.

Von 1838 bis 1874 lehrte von Ritgen Architektur an der Universität Gießen. 1843 wurde er zum Professor berufen, später war er ihr Rektor. Zu seinem Werk zählen die Wiederherstellung der Wartburg

Das Hauptgebäude der Universität trägt noch immer die Inschrift Academia Ludoviciana.

oder die Renovierung der Kapelle auf dem Alten Friedhof in Gießen. Dort liegt er auch begraben.

Auf unserem Spaziergang fungiert der Mann, der Wegbereiter der THM und Universitätsprofessor war, als Bindeglied der beiden großen Gießener Hochschulen. Wir wenden uns nun nämlich der Justus-Liebig-Universität zu, deren Zentrum wir über die Ludwigstraße erreichen.

Ist das nicht ein herrlicher Platz? Bezaubernd ist der Universitätsplatz im Frühsommer, wenn die Sonne am frühen Abend noch knapp über den Dächern des Südviertels steht und über die Platanen hinweg die Treppenstufen des **Uni-Hauptgebäudes** wärmt. Besonders sonntags. Dann ruht der Verkehr, die Studierenden kommen auf ihren Fahrrädern gemächlich von der Lahn oder vom See zurück. Manche genehmigen sich noch das letzte Bier des Wochenendes vom Kiosk gegenüber, ehe sich das Stadtleben langsam zurückzieht, um sich auf den Montag vorzubereiten.

Das Hauptgebäude wurde 1880 eröffnet. Es ist ein spätklassizistischer Bau, der ein wenig an die italienische Renaissance erinnert. Die Inschrift „Academia Ludoviciana" weist noch auf den ersten Na-

Der Innenstadtcampus

men der Universität hin, die erst mit dem Neustart nach dem Zweiten Weltkrieg 1946 nach Justus Liebig benannt wurde. Der volle Universitätsstatus wurde erst 1957 wiederhergestellt. Zunächst war sie „nur" eine Hochschule, in der Landwirtschaft, Veterinärmedizin, einige Naturwissenschaften sowie seit 1950 Humanmedizin unterrichtet wurden.

Bei der Bombardierung 1944 wurde das Gebäude zum Teil zerstört. Heute sitzt die Universitätsleitung samt Verwaltung im Hauptgebäude. Die angeschlossene **Aula** und der **Senatssaal** haben einen hohen repräsentativen Charakter und werden oft auch für öffentliche Veranstaltungen genutzt. In beiden Sälen befindet sich die Gießener Professorengalerie, eine Gemäldesammlung mit Bildnissen ehemaliger Professoren, Kanzlern und Rektoren. Das älteste Gemälde stammt aus dem Jahr 1629.

Zum Campus Universitätszentrum gehören neben dem Hauptgebäude und der 1907 fertiggestellten Aula, sie war ein Geschenk des Landes zum 300-jährigen Universitäts-Jubiläum, das **ehemalige Physikalisch-Chemische Institut** aus dem Jahr 1900, das ehemalige Chemische Institut (1893), das als Kunsthistorisches Institut

Das Theaterlabor wurde 2020 fertiggestellt.

erbaute Gebäude mit dem Margarete-Bieber-Saal, das Erwin-Stein-Gebäude (ehemaliges Finanzamt) sowie fünf Stadtvillen, die als Verwaltungs-, Büro- und Seminargebäude genutzt werden. Die Villen umschließen einen weiteren Platz mit hoher Aufenthaltsqualität, der mit dem Neubau des **Theaterlabors** im Jahr 2020 entstanden ist. Das auffällige moderne Gebäude soll für den Dialog zwischen Kunst und Wissenschaft, Akademie und Bevölkerung stehen und die Universität in die Stadt hineintragen.

Links: Die Uniaula. Rechts: Das ehemalige Physikalisch-Chemische Institut.

Der Studiengang „Angewandte Theaterwissenschaft“, der hier zuhause ist, wurde 1982 gegründet und bietet die auch heute noch in Deutschland einzigartige Möglichkeit, das Studium der Theaterwissenschaft mit einem Studium der künstlerischen Praxis des Theaters zu verbinden.

Wir biegen nun in die Stephanstraße rechts ab und anschließend links in die Goethestraße. Hier, in der kleinen Kneipe **Kaffee Wolkenlos,** bietet sich jetzt ein kleines Päuschen an. Es sei denn Eintracht Frankfurt spielt, dann ist wahrscheinlich kein Platz frei. Wirt Heiko Schimpf ist glühender Eintracht-Fan und zeigt die Spiele natürlich auch in der Kneipe gleich auf mehreren Bildschirmen.

Über die Henselstraße erreichen wir danach die ehemalige Universitätsbibliothek in der Bismarckstraße, die die Gießener nur **Alte UB** nennen. An ihr scheiden sich die Geister, schon seitdem sie 1959 unter den Augen des ehemaligen Bundespräsidenten Theodor Heuss an der Stelle eingeweiht worden ist, an der zuvor der im Krieg ausgebrannte Vorgängerbau (damals verbrannten 90 Prozent der Bestände) gestanden hatte. Der Bau mit Stilmerkmalen der spä-

Der Bücherturm der alten UB steht unter Denkmalschutz.

Die „Erhöhte Abstufung" ist ein Objekt des Gießener Kunstweges.

ten 1950er bricht bewusst das rechtwinklige System des gewachsenen Stadtbildes, das in Gießen durch den Neuaufbau entstand und löste damit heftige Diskussionen in der Bevölkerung aus. Schandfleck oder Stilikone? Das ist noch immer die Frage. Sicher ist bloß: so kann es nicht bleiben.

Das zu seiner Zeit ungewöhnlich modern gestaltete Objekt, das bis 1983 die UB beherbergte, muss dringend saniert werden. Die Kostenschätzung der Universität hat ergeben: Zu teuer! Nun wird nach einer kreativen Lösung gesucht, das markante unter Denkmalschutz stehende Gebäude mit dem hohen Bücherturm und der Lesehalle, die an ein aufgeschlagenes Buch erinnert, vor dem weiteren Verfall zu bewahren.

Wir umrunden die Alte UB und machen uns über Keplerstraße und Altenfeldsweg auf in Richtung **Philosophikum I und II**. Der Rad- und Fußweg führt durch die Klingelbachaue. Phil I und II sind das Herzstück der Universität. Hier studieren rund 10.000 der insgesamt 28.000 Studierenden in sieben der elf Fachbereiche und damit deutlich über 40 Prozent aller Studierenden der JLU. Es ist zudem der Standort der **Zentralmensa** und der **Zentralbibliothek**.

Der „Mann im Turm“

Empfangen werden wir von einem Objekt des Gießener Kunstwegs – der „**Erhöhten Abstufung**“ von Claus Bury. Einzelne Skulpturen zu einem Kunstweg auszubauen, geht auf die Initiative des Kunstgeschichtsprofessors Gottfried Boehm in den frühen 1980er Jahren zurück. Der Weg umfasst 15 Kunstwerke, die vom Hessischen Staatsbauamt angekauft wurden und einen wertvollen Kunstbesitz darstellen.

Noch eine Vision: Der Campus der Zukunft.

Am populärsten unter den Studierenden sind sicherlich der „**Mann im Turm**“ von Stephan Balkenhol vor der Mensa und der „**Wiehernde Hengst**“ von Gerhard Marcks, der auch die Statue der Bremer Stadtmusikanten erschaffen hat.

Unter dem „Mann im Turm“ sollten Studierende besser nicht hindurch laufen. Man bleibe ewig Student, besagt ein Mythos, der sich seit vielen Jahren auf dem Campus hält.

Sonst bleibt hier allerdings in den nächsten Jahren nicht viel beim Alten. Die Universität plant und baut den „Campus der Zukunft“ und hat dafür einen Masterplan verabschiedet, der bis 2030 umgesetzt werden soll. Die erste Ausbaustufe, zu der unter anderem ein Neubau der Zentralbibliothek und der Neubau einer Zentralmensa, vor allem aber ein zentraler Campusplatz, der die beiden bisher räumlich getrennten Philosophika miteinander verbindet, gehört, soll 2025 abgeschlossen sein.

In den weiteren Ausbaustufen ist es vorgesehen, das Philosophikum I abzureißen, das in den 70er und 80er Jahren in zwei Phasen mit dem Ziel entstanden ist, alle Bereiche in miteinander verschach-

Die ehemalige Provinzialsiechenanstalt aus dem Jahr 1903 beherbergt die Recht- und Wirtschaftswissenschaften.

telten Quadern unter einem Dach zu versammeln, und durch neue Institutsbauten zu ersetzen. Das ältere Phil II aus den 1960er Jahren soll in seiner Struktur erhalten bleiben und saniert werden. Daran sind allerdings schon während der ersten Sanierungsmaßnahmen am Audimax Zweifel aufgekommen, da die Bausubstanz wesentlich schlechter ist als erwartet. Pfusch am Bau hatte es eben schon in den 1960er Jahren gegeben.

Wir machen uns auf den Rückweg, an der Rathenaustraße entlang: Der Alte Steinbacher Weg führt uns am **Campus Recht und Wirtschaft** vorbei, der zum Teil in einer ehemaligen Provinzialsiechenanstalt aus dem Jahr 1903 untergebracht ist.

Den parkähnlichen Campus lassen wir rechts liegen und überqueren am **Alten Friedhof** die Licher Straße. Um zurück zum THM-Campus zu kommen, wählen wir die unter Denkmalschutz stehende Landmannstraße, in der die ältesten Gießener genossenschaftlichen Arbeiterhäuschen aus den Jahren 1895/96 stehen. Ziel der Bewegung war es, der Arbeiterklasse zu ermöglichen, ein Eigenheim anzuschaffen.

In der Landmannstraße haben die genossenschaftlichen Bauten individuelle, fast villenartige Züge und tragen so noch heute zu einer hohen Wohnqualität in einer intimen Atmosphäre bei. Drehen Sie sich ruhig noch einmal um und genießen Sie den Flair dieses besonderen Sträßchens. Auf der Grünberger Straße werden Sie schneller als Ihnen lieb ist aus Ihren Träumen gerissen.

Wir folgen der Wolfstraße und an den den beiden Hochhäusern erkennen wir, dass wir gleich zurück sind an der THM. Wie auch sonst werden wir von drei Neubauprojekten empfangen. Die Fachbereiche Maschinenbau, Energietechnik und Bauwesen haben auf dem **C-Campus** eine moderne Heimat gefunden. Die Bautätigkeiten der Hochschulen reißen in Gießen einfach nicht ab. *Marc Schäfer*

Und jetzt? Das italienische Restaurant **La Perla** an der Eichgärtenallee bietet die Möglichkeit für einen kulinarischen Ausklang. Wenn Sie lieber dem studentischen Leben nachspüren wollen, empfiehlt sich ein Besuch im **Stadtpark** mit der netten **Strandbar**. Für den schnellen

Hunger dient die traditionsreiche **Woscht Anna** ab den Abendstunden auf dem Parkplatz des Badezentrums Ringallee.

NEUN CAMPUS IN DER STADT ★ Die Justus-Liebig-Universität prägt das Bild der Stadt genau wie die Technische Hochschule Mittelhessen auch. Insgesamt verteilen sich neun verschiedene JLU-Campus im Stadtgebiet. Neben den in diesem Rundgang beschriebenen, dem innerstädtischen **Universitätskarree, Phil I und Phil II** und dem **Campus Recht und Wissenschaft**, gibt es weitere sehenswerte Anlagen. Das zentral gelegene historische **Zeughaus** und das benachbarte **Neue Schloss** am Brandplatz sind Heimat von Teilen des Instituts für Geographie sowie mehrerer Institute des Fachbereichs 09 – Agrarwissenschaften, Ökotrophologie und Umweltmanagement. Der **Botanische Garten** der Universität befindet sich ebenfalls im Herzen der Innenstadt. Er ist der älteste Botanische Garten Deutschlands, der sich bis heute an seinem Ursprungsort befindet. Modernste Bedingungen finden die Gießener Sportstudenten am **Kugelberg**. Die sanierte und im Jahr 2018 fertiggestellte Außensportanlage ist das Herzstück des Campusbereichs Sport. Im **Campusbereich Seltersberg** sind die naturwissenschaftlichen Fächer der JLU angesiedelt. Der Neubau der Chemie und des zentralen Hörsaalgebäudes sind herausragende Meilensteine der baulichen Entwicklung der Universität. Der **Campusbereich Seltersberg/Medizin** ist das Herzstück der Gießener Lebenswissenschaften. Beste Rahmenbedingungen bieten sich im Medizinischen Forschungszentrum Seltersberg.

Im **Biomedizinischen Forschungszentrum Seltersberg** sind neben der Medizin interdisziplinäre Forschergruppen aus den Fachbereichen Veterinärmedizin, Biologie und Chemie sowie Agrarwissenschaften, Ökotrophologie und Umweltmanagement beheimatet. Es ist architektonisch anspruchsvoll und optisch genau wie die anderen neuen Gebäude des Fraunhofer Instituts oder des CIGL eine Besonderheit. Der **Campusbereich Seltersberg/Veterinärmedizin** an der Frankfurter Straße hat eine lange Historie vorzuweisen, wurde durch Neubauten wie die Kleintier- und Vogelklinik aber auch baulich mittlerweile wieder zum State of the Art.

bauerschirme
Aprikosen
500g

Zwischen Wochenmarkt-Tradition und neuen Gastro-Konzepten

Zwischen Wochenmarkt-Tradition und neuen Gastro-Konzepten

Eine Attraktion der Gießener Innenstadt ist der Wochenmarkt, der mittwochs und samstags an den mehr als 125 Jahre alten Marktlauben abgehalten wird. Er ist ein idealer Ausgangspunkt für einen Rundgang durch die expandierende und bunte Gastro-Szene der Stadt.

Länge: 2 km
Dauer: 45 Minuten
ÖPNV: Haltestelle Marktplatz; Linien 24, 12, 2, 7, 802, 13, 3, 15, 5

Wir starten am Marktplatz, gehen Richtung Lindenplatz, vorbei am **Punkt+Strich**, wo sich sicherlich für jeden ein Geschenk finden lässt, und schlendern durch die Marktlaubenstraße geradewegs zum Brandplatz. Dass sich Gießen auf genießen reimt, kann doch kein

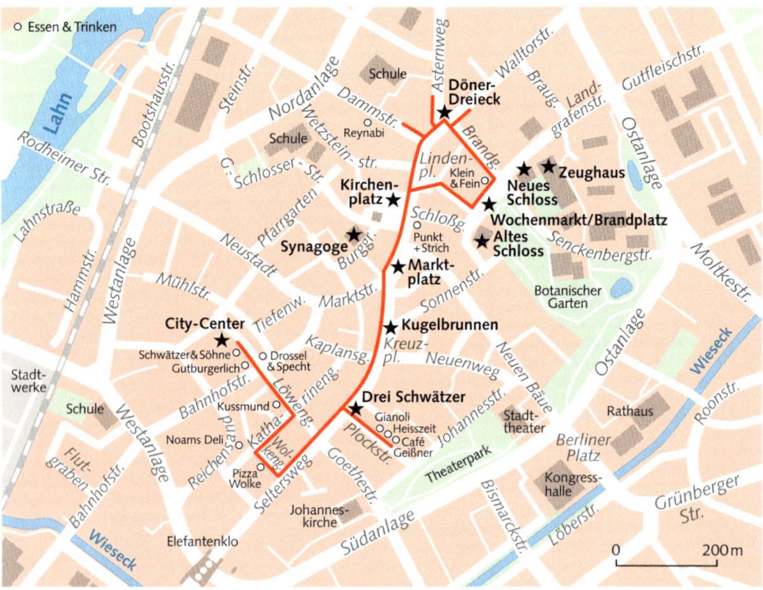

Enzo Laurito sorgt für Dolce Vita.

Zufall sein. Das findet Enzo Laurito, wenn er im Sommer auf seiner kleinen Terrasse steht und den Blick vom **Neuen Schloss** über den **Botanischen Garten** bis zum **Alten Schloss** wandern lässt. Es ist die Kulisse für den Gießener Wochenmarkt. Gemeinsam mit seiner Frau Elena betreibt der Italiener aus der Region Salerno, der Heimat des Büffel-Mozzarellas, am Brandplatz das **Klein & Fein**. Es ist ein Stück Bella Italia, dolce vita, mitten in der Stadt. Morgens serviert er Cappuccino mit einem Cornetto, dem klassischen italienischen Frühstückshörnchen. Später knallen die Korken. Einen Weißwein vielleicht? Oder doch lieber Prosecco? Die Gießener schätzen den Delikatessenladen ganz besonders für die knackigen Panini – mit Mortadella und Provolone, getrockneten Tomaten, Bergkäse, Pecorino oder Bresaola mit einem Hauch Zitronensaft.

Für eine kleine Auszeit gibt es in der Stadt kaum einen schöneren Platz. Das zeigt sich bei gutem Wetter besonders an den Markttagen, mittwochs und samstags, wenn auf der Freifläche im Schatten einer großen Kastanie kaum ein Plätzchen zu finden ist. Dann klingen die Gläser, während sich vor den historischen Gebäuden das bunte Markttreiben abspielt. Stürzen wir uns hinein!

Der Wochenmarkt ist eine der größten Attraktionen der Innenstadt. Er hat in Gießen eine lange Tradition. Bereits für das Jahr

1557 existiert eine Marktordnung. Um die Jahrhundertwende herum verteilte sich das Treiben noch auf mehrere Straßen und Plätzen. Es war genau geregelt, was wo gehandelt werden durfte: Heu, Stroh und Holz am Oswaldsgarten, Beeren und Obst in der Schulstraße, Geflügel, Wild und Fisch am Marktplatz, Gemüse und Pflanzen auf dem Lindenplatz.

Der Amerikaner Charles Himes hat den Wochenmarkt während eines Aufenthalts in der Stadt im Sommer 1890 auf Fotos verewigt: Die Bäuerinnen aus dem Umland tragen dunkle Tracht, sie balancieren große Weidenkörbe auf dem Kopf oder hocken auf niedrigen Schemeln und bieten Eier und Butter, Gemüse, Obst, Wurst und Geflügel an. Die bürgerlichen Damen mit großen Hüten und die Handwerker-Frauen in karierten Röcken begutachten die Waren und decken sich mit dem Nötigen für die kommenden Tage ein.

Als der Gast aus den USA seine Fotos machte, platzte der Wochenmarkt bereits aus allen Nähten. Das Gedränge war so groß, dass die Stadt nur vier Jahre später einen Durchbruch schuf, der den Lindenplatz mit dem Brandplatz verband. So entstand die Marktlaubenstraße mit ihren **Marktlauben**. Die 13 offenen Bögen sind bis heute das Herzstück. Dort bekommt man immer noch Eier, Handkäse oder Bauernbrot. Das gegenüberliegende Marktlaubengebäude, in dem heute Metzger und ein persischer Imbiss ihre Waren anbieten, entstand erst mehr als 30 Jahre später.

Lindenplatz, Marktlauben, Brandplatz, das ist bis heute der Standort des Wochenmarkts geblieben. Seine zentrale Funktion zur Grundversorgung der Gießener hat der Markt natürlich längst verloren, aber er ist nach wie vor ein beliebter Treffpunkt – vor allem samstags. Wo sonst bekommt man frische Lebensmittel in so großer Auswahl? Wo findet man in der kurzen Saison Palbohnen oder Zucchiniblüten? Wo einen Salatkopf, der früh am Morgen noch im Beet stand? Wo all den besonderen Käse, den die Händlerin selbst auf kleinen Höfen zwischen dem Bregenzer Wald, Südtirol, dem Jura und der Estremadura aufgespürt, verkostet und für gut befunden hat? Wo duftet es so herrlich nach Steinfurther Rosen? In aller Früh sind diejenigen unterwegs, die zielgerichtet ihre Einkaufsliste abar-

Obst und Gemüse aus der Region.

beiten, die Genießer und Lustkäufer kommen etwas später. Sie wiederum werden von den Schnäppchenjägern abgelöst, wenn gegen 13.30 Uhr, eine halbe Stunde vor dem Ende, die verderblichen Waren zum Sonderpreis angeboten werden.

Seit den Tagen von Mr. Himes hat sich das Angebot stark verändert. Noch immer gibt es unter den rund 60 Marktbeschickern viele Erzeuger. Aber eben auch viele Händler mit Produkten aus aller Welt: Datteln aus Algerien, Avocados aus Israel, Käse aus Frankreich, Papaya aus Costa Rica. Längst gibt es auch Kaffee und Crêpes, Burger und frisch gepresste Säfte. Aber in Maßen. Ein Weinausschank, wie es ihn auf vielen anderen Märkten gibt, ist zum Leidwesen vieler Gießener nicht erwünscht. Die Interessengemeinschaft der Beschicker legt Wert darauf, dass der Wochenmarkt seinen ursprünglichen Charakter behält.

Nachdem wir den Wochenmarkt umrundet haben, laufen wir die Brandgasse lang zum sogenannten **Dönerdreieck**, Gießens Multi-Kulti-Ecke an der Ecke Walltorstraße/Asterweg. Für junge Leute ist die Ecke beinahe ein heiliger Ort. Denn hier gibt es fast rund um die Uhr und nach jeder Party noch etwas zu essen. Der Name entstand, als rund um das DGB-Hochhaus drei Dönerläden eröffnet wurden, die nur wenige Meter in Dreiecksform voneinander ent-

Die Plockstraße ist in den letzten Jahren zu einer Gastromeile geworden.

fernt liegen. Seitdem sind weitere hinzugekommen, ein Grill-Restaurant sowie zwei türkische Bäckereien, ein griechischer Spezialitätenhandel, ein asiatischer Supermarkt und eine Sushi-Bar. Aus der Masse sticht **Reynabi** in der Dammstraße heraus. Hier kommt Bio Hackfleisch auf den Lahmacun, Falafel und Hummus sind hausgemacht, die Zutaten regional und frisch. Ein Geheimtipp ist die scharfe Ezme-Sauce.

Von dort aus geht es zurück zum Marktplatz, über den Kreuzplatz in den Seltersweg hinein. Ziel ist die **Plockstraße**, die noch vor wenigen Jahren eine dunkle Gasse mit Parkplätzen, Leerständen und Baulücken war und heute eine der attraktivsten Sträßchen der Stadt mit Gastronomie und exklusiven Läden ist. Die Gastromeile ist die Heimat der Gießener „Bussi-Bussi-Gesellschaft": sehen und gesehen werden. Das gilt ganz besonders für die **Trattoria Gianoli**, spezialisiert auf Pastagerichte, exzellente italienische Weine, Passion und nicht wenig Drama. Zu den festen Größen der Straße zählen zudem die Eisdiele **Heisszeit** mit ihren ungewöhnlichen Sorten, zu erkennen an der langen Warteschlange, und das traditionsreiche **Café Geißner**, das seinen nostalgischen Kaffeehauscharme mit Holzvertäfelung, Marmortischchen mit Messingkante und Samtsesseln schon seit 1903 hegt und pflegt. Die Konditorei ist das älteste Café Gießens. Den Betreibern Carola Bahnsen und Arnd Fischer gelingt der Spagat, die Stammkunden, oft Senioren, nicht zu vergraulen, aber ständig auch neue Gäste hinzuzugewinnen. Das mag an den sehr behutsamen Modernisierungen der Inneneinrichtung liegen, vor allen Dingen aber an den mehr als 60 unterschiedlichen Torten und Kuchen, die täglich in der Verkaufstheke stehen.

Nach so viel Tradition verlassen wir die Plockstraße, gehen den Seltersweg hinauf, bis wir rechts in die Wolkengasse abbiegen und widmen uns der neuen Generation der Gießener Gastronomie. Rund um das **City-Center** haben sich eine Reihe jüngerer Gießener selbstständig gemacht und das Viertel damit aus seinem Dornröschenschlaf geholt. **Pizza Wolke** in der Wolkengasse (neapolitanische Pizza), **Noams Deli** in der Katharinengasse (vegetarische Bowls), die Eisdiele **Kussmund** (City-Center) und andere bringen immer wieder neue Trends in die Gastro-Szene und sorgen dafür, dass das kulinarische Angebot auch mit den Ansprüchen der vielen in der Stadt lebenden Studierenden mithalten kann. Zu neuem Glanz hat die Gastronomie und die Umgestaltung eines Platzes auch der Johannette-Lein-Gasse verholfen. Hier haben sich drei Freunde ihren Lebenstraum verwirklicht und ein eigenes Gastro-Dreieck geschaffen. Im Burgerladen **Gutburgerlich**, dem Café **Schwätzer & Söhne** und der Weinhandlung **Drossel & Specht** sind nicht nur die Namen und die Speisen kreativ, sondern häufig auch die Gäste. Gerne trifft sich der lässig stylische Gießener mit einem Flat White im Mehrwegbecher oder einer kalten Flasche Wein in der Hand auf dem sonnigen Platz am Ende der Straße. Orte wie dieser, der Platz vor dem Uni-Hauptgebäude, der Stadtpark Wieseckaue oder das Lahnufer haben zumindest im Sommer vielen Kneipen den Rang als geselliger Treffpunkt abgelaufen. *Marc Schäfer*

Das Dönerdreieck

Ganz viel Kultur und etwas Kult

Ganz viel Kultur und etwas Kult

Vom Stadtkirchenturm zum Dach-Café gibt es extrem viel Gießen zu sehen und zu erleben – samt Finale mit grandioser Aussicht vom höchsten Haus der Stadt.

Dauer: Der eilige Gast schafft die Strecke in 15 Minuten, flanierend und einkehrend braucht man schon eine gute Stunde
Länge: 800 Meter, ohne Hindernisse
ÖPNV: Anfahrt alle Linien mit Halt am Marktplatz, Heimkehr ab Berliner Platz

Vom Herzen der Stadt zum höchsten Haus der Innenstadt – diesen kurzen Spaziergang nehmen wir uns heute vor. Aber er hat es in sich, denn wir folgen dabei gedanklich der Entwicklung vom Wohnen hinter dem Wassergraben im Jahr 1150 bis zur stylischen Skybar im Jahr 2020 auf dem legendären Dach-Café. Und weil wir die

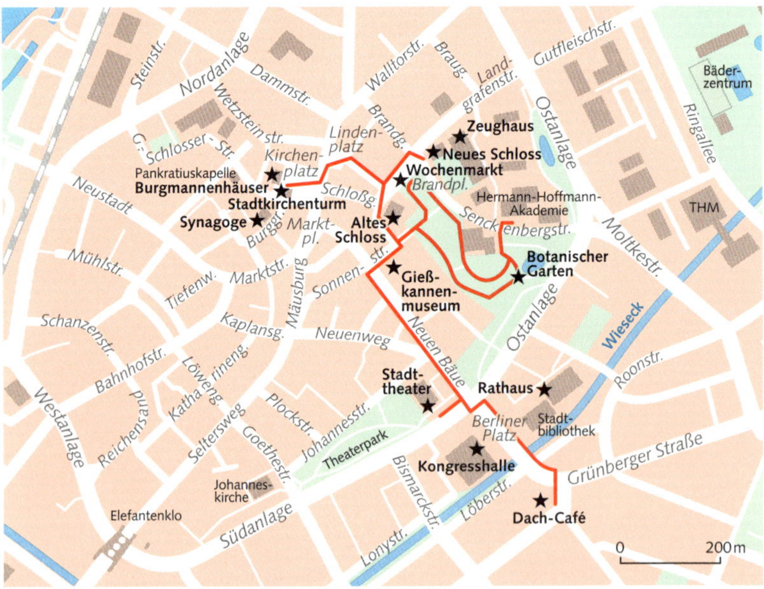

Augen schön offenhalten, hier und dort hineinschauen, benötigen wir auch weit mehr als fünfzehn Minuten für den Weg. Am Ziel, dem eben benannten Gießener Hochhaus angelangt, werden wir belohnt. Mit einem grandiosen Panoramablick über die Universitätsstadt und ihre Umgebung.

Gießens einstiger Charme als Universitäts-, Garnisons- und Gartenstadt hat sich bei dem Luftangriff im Dezember 1944, als die Innenstadt zu 80 Prozent zerbombt wurde, buchstäblich im Staub der Trümmer pulverisiert. Das sollte man in Erinnerung haben, falls im Gespräch Begriffe wie gesichtslos oder hässlich als Bezeichnung für die Universitätsstadt verwendet werden. Wenn man aber mithilfe von Beschreibungen und alten Ansichten in die Zeit vor dem Zweiten Weltkrieg eintaucht, kann man sich durchaus den ursprünglichen Charakter der Stadt ins Gedächtnis rufen. Auch hier standen viele Fachwerkhäuser, glänzten prächtige Fassaden, sorgten Winkel und Gassen für Altstadtidyll. Mit dem folgenden Rundgang wollen wir ein Stück dieses historischen Weges nachzeichnen sowie anhand angesagter Treffpunkte und wichtiger Gebäude das heutige Gießen lebendig werden lassen.

Dafür starten wir im Bereich Georg-Schlosser-Straße/Burggraben, am städtischen Mittelpunkt von einst. Und eigentlich auch noch heute. Am Rand des heute sehr übersichtlich gestalteten **Kirchenplatzes** hat Graf Wilhelm von Gleiberg um 1150 eine kleine Wasserburg und seinen Burgmannen ein Domizil errichten lassen. Viel Wasser gab's und morastigen Boden – der Name Gießen (urkundlich Giezzen, das bedeutet fließende Wasser) ward geboren. Auf dem Gelände der alten Burg entstanden zudem die Häuser für Burgmannen, Mitglieder des niederen Adels im Mittelalter, die eine Burg bewachen und verteidigen sollten. **Burgmannenhäuser** also, und um ein solches handelt es sich bei dem sogenannten **Leib'schen Haus**, vor dem wir jetzt stehen und an dessen außergewöhnlich großer und hoher Fassade wir beeindruckt emporschauen. Das Fachwerkhaus stammt aus dem Jahr 1350 und ist damit eines der ältesten und größten Fachwerkhäuser Hessens, errichtet in den zwei markanten Fachwerkstilen, der Ständer- und der Rähmbauweise. Der heu-

Am Wallenfels'schen Haus

te noch gebräuchliche Name Leib´sches Haus hat sich erhalten und verweist auf seinen Besitzer im 19. Jahrhundert, den Kunsthändler und Vergolder Carl Ludwig Leib.

1975 erwarb die Stadt dieses Gebäude und ließ es rekonstruieren. Allerdings waren dafür nur wenige Originalteile zu verwenden. Seit der Fertigstellung 1978 erfährt der wissbegierige Besucher hier alles über die Vergangenheit der Stadt, kann sich anhand eines Stadtmodells ein Bild von der Entwicklung machen und wandert bei Bedarf durch die volkskundliche Abteilung des **Oberhessischen Museums** mit Möbeln und Handwerkskunst verschiedener Epochen.

Außerdem gehört zum Oberhessischen Museum das direkt daneben stehende **Wallenfels'sche Haus**, ebenfalls ursprünglich ein Burgmannenhaus. Im 18. Jahrhundert wurde es über zwei Kellergewölben von Vorgängerbauten errichtet, 1979 dann von der Stadt komplett neu gebaut. Die Fassade verweist auf ein Bürgerhaus aus dem 18. Jahrhundert. Hier findet sich die Sammlung für Vor- und

Seit Menschengedenken eine bekannte Gießen-Perspektive: Blick aus der Schulstraße zum Stadtkirchenturm. Im Sonnenlicht glänzend der Engel auf der im 17. Jahrhundert gegründeten „Universitätsapotheke zum goldenen Engel".

Frühgeschichte, Völkerkunde und Archäologie. Tibetische Kultur lässt sich im Detail studieren und ein einzigartiges Sandmandala wird seine Bewunderer finden.

Die Narben des Luftangriffs vom Dezember 1944 (der Opfer wird mit einem Mahnmal direkt am Kirchenturm gedacht) prägten viele Jahre die historische Altstadt. Noch heute klaffen Baulücken, warten alte Wände auf die Vereinigung mit neuen Gebäuden. Wie kreativ, dass einige davon für auffallende Graffiti, diese farbfreudigen und großformatigen Wandbilder, den Untergrund bilden.

Die Stadtkirche, die direkt vor den Burgmannenhäusern stand und deren weißen Campanile wir jetzt bestaunen, wurde vollständig zerstört. Der **Stadtkirchenturm** brannte aus und verlor den markanten Helmaufbau, weshalb er als Turm ohne Helm bis 1979 als Mahnmal galt. Dank einer Spendenaktion Gießener Bürger*innen kehrte in jenem Jahr die „Welsche Haube" zurück. Der freistehende Glockenturm – 1484 bis 1520 neben der Stadtkirche errichtet –

ist das älteste Gebäude der Kernstadt und gilt mit seiner Höhe von 50,70 Metern als Wahrzeichen Gießens. 162 Stufen führen auf den Turm, der Aufstieg wird mit Aussicht rundum zu Burgen und Bemerkenswertem belohnt.

Die Trümmer der Kirche wurden 1949 für den Bau einer Notkirche verwendet. Wir sehen es beim Besuch der **Pankratiuskapelle**, die allerdings nicht an der alten Stelle errichtet wurde, sondern 80 Meter westlich des gotischen Kirchenturms (zu erreichen über die Georg-Schlosser-Straße links am Kirchturm vorbei). Warum Notkirche? Weil sich viele Gießener einen Wiederaufbau der alten Kirche erhofft hatten. Dies blieb allerdings ein Traum, lediglich den Grundriss des Gotteshauses klassizistischer Prägung – markiert durch die dunklen Lungsteine auf dem 2014 sanierten Kirchenplatz – können wir beim Abschreiten nachvollziehen.

Ehe wir diesen Bezirk verlassen, sei noch das Haus Georg-Schlosser-Straße 1 erwähnt, in dem heute ein Studio des **Hessischen Rundfunks** residiert und regionale Nachrichten ins Hessenland sendet. Im Vorgängerbau (1944 zerstört) wurde Wilhelm Liebknecht (1826–1900) geboren, einer der berühmtesten Söhne Gießens und zeitlebens Vorkämpfer der Arbeiterbewegung. Gemeinsam mit August Bebel gründete er 1869 die Sozialdemokratische Arbeiterpartei, worauf eine Plakette am Haus und die Infoschrift der Stadt eingehen. Unweit davon, im Burggraben, steht seit 1995 die **Beith-Jaakov-Synagoge**. Unweigerlich verbunden mit Thea und Jakob Altaras, den Gründern der jüdischen Gemeinde in Gießen im Jahr 1978. Thea Altaras war es, die im Wesentlichen das neue Jüdische Gemeindezentrum geplant hat, mit der umgesetzten und wiederaufgebauten Fachwerksynagoge aus dem oberhessischen Wohra als Herzstück.

Nach dem Ausflug zur Keimzelle der Mittelhessenmetropole und ihrem historischen Bezirk wenden wir uns jetzt aber dem heutigen Gießen zu, dieser pulsierenden, lebendigen und jungen Stadt. Nachdem wir uns auf den Sitzgelegenheiten des Kirchenplatzes ein wenig von den Eindrücken der Vergangenheit erholt haben, laufen wir schräg links über den Lindenplatz und biegen in die Marktlaubenstraße ein.

Mit dem Bau dieser Lauben Ende des 19. Jahrhunderts wurden die Voraussetzungen für den Gießener Wochenmarkt geschaffen, jenem überaus anziehenden und beliebten Treffpunkt zwischen Händlern und Konsumenten, auf dem samstags und mittwochs quirliges Marktgeschehen zelebriert wird. Wir überqueren den **Brandplatz**, gesäumt von prächtigen Kastanienbäumen, der seinen Namen von einem Großfeuer im Jahr 1560 erhielt. Bis hier reichen die Stände der Obst- und Gemüsehändler, die Verkaufswagen für Brot, Fisch, Käse und Blumen. Man stelle sich vor, dass dieser großzügige Raum auch an den anderen Tagen als Piazza genutzt würde, so wie man ihn aus mediterranen Ländern kennt. Und nicht als Großparkplatz!

Abgebildet ist die „Piazza" am Stadtkirchenturm.

Links taucht die prächtige Kulisse vom **Neuen Schloss** des Landgrafen Philipp des Großmütigen aus dem 16. Jahrhundert auf, ebenfalls ein Beispiel hessischer Fachwerkkunst. Der steinerne Bau des Zeughauses (1586–1590) im Renaissancestil schließt sich an. Im 16. Jahrhundert dreigeschossig als Arsenal errichtet, bekam das Gebäude nach der Zerstörung im 2. Weltkrieg eine neue Raumaufteilung und gehört seitdem zum Campus der Justus-Liebig-Universität.

Hier vor dem Neuen Schloss grüßen zwei Gießener Köpfe und Professoren der JLU, nämlich die **Porträtbüsten** von Helge Pross (Soziologin, Pionierin der Frauen- und Geschlechterforschung) und

Das Alte Schloss im Sonnenuntergang.

von dem Gießener Ehrenbürger Horst-Eberhard Richter (Arzt, Psychoanalytiker, Sozialphilosoph).

Wir wenden uns wieder nach rechts und dem steinernen Massivbau des 14. Jahrhunderts zu – dem **Alten Schloss**. Es handelt sich um die Erweiterung der Stadtbefestigung und zweite Wasserburg, die erste urkundliche Erwähnung findet sich 1364 als Zweitsitz des Landgrafen Heinrich II. von Hessen. Bei den Luftangriffen von 1944 brannte das Schloss vollständig aus, der Heidenturm blieb als Ruine stehen, wie der Stadtkirchenturm ebenfalls ohne Helm, dafür als Mahnmal.

Mit der pseudohistorischen Wiedergeburt des Schlosses Ende der 1970er Jahre bekam der Rundturm seine „Welsche Haube" zurück. Im Schloss selbst erhielten die umfangreichen Sammlungen des **Oberhessischen Museums** eine weitere Präsentationsfläche. Seit 1980 bietet sich dem Betrachter mit der Gemäldegalerie ein Rundgang durch die Kunstgeschichte ab dem späten 19. Jahrhundert, Werke regionaler Künstler warten auf Begutachtung, die kunstgewerbliche Abteilung hält manch außergewöhnliches Teil bereit. Wer Zeit mitbringt, kann seinen Spaziergang getrost unterbrechen und sich den Dauerausstellungen zur Bildenden Kunst widmen oder verfolgen, wie der Weg zu einem Museum mit zeitgemäßen Anforderungen in Gießen gehandhabt wird.

Bei einem Besuch im ehemaligen „Burggarten" kann man sich vom **Schlosskeller**-Team kulinarisch verwöhnen und die Eindrücke nachwirken lassen.

Auch ein Blick auf weitere Gießener Köpfe, lebensgroß in Bronze gegossen, sollte genehmigt sein. Wir kommen auf dem Weg zum Botanischen Garten daran vorbei und erinnern uns an Menschen, die der Stadt mehr oder weniger eng verbunden waren: Georg Büchner, Ludwig Börne, Carl Vogt und Wilhelm Liebknecht.

Beide Schlösser vermitteln uns, dass sie Zeugen erhalten gebliebener hessischer Landesherrschaft sind. Sie bilden den Rahmen für den **Botanischen Garten**, dessen wunderschöne alte Bäume bereits hinter der Sandsteinmauer am Brandplatz zur näheren Begutachtung auffordern. Hier, am Einstieg in die Sonnenstraße, die weiter zur Hauptgeschäftsstraße der City führt, ist es so weit. Der Haupteingang zum ältesten Botanischen Garten Deutschlands, der sich bis heute an seinem ursprünglichen Standort befindet, wartet auf uns.

Eine grüne Insel im Herzen der Stadt begeistert mit exotischen Pflanzen, prächtigen Blütenständen und uraltem Baumbestand. Dazu Vogelzwitschern, Eichhörnchen, die über die Wege flitzen, fertig sind die Zu-

Mittwochs und samstags ist Wochenmarkt in Gießen; unter anderem auf dem Brandplatz, an dessen nördlichem Ende das Neue Schloss steht.

Zu sehen sind vorn das Neue Schloss mit dem Zeughaus, darüber in voller Ausdehnung der Botanische Garten mit den im Bau befindlichen Gewächshäusern und an dessen Ende rechts das Alte Schloss. Auch das im Fortgang des Textes erwähnte Hochhaus Diezstraße ist zu sehen.

taten für eine Erholungspause. 7.000 Pflanzenarten aus der ganzen Welt werden im Freiland und den Gewächshäusern kultiviert, die Justus-Liebig-Universität praktiziert hier botanische Lehre und Forschung auf einer Fläche von etwa drei Hektar.

Nachdem Landgraf Ludwig V. 1607 die damals nach ihm benannte Universität gegründet hatte, schenkte er ihr zwei Jahre später diesen Garten. Welch ein Glück für uns Nachkommen! 2019 ergriff die JLU gemeinsam mit dem Land Hessen die Gelegenheit und plante für das Kulturdenkmal Botanischer Garten drei Gewächshäuser, deren Gestaltung an die historischen Vorbilder angelehnt ist. Ein Brunnen aus dem Jahr 1858 und eine alte Beeteinfassung werden integriert. Nach der Fertigstellung eine zusätzliche Attraktion für diese wunderschöne Ruhezone, diese Oase mitten im städtischen Zentrum. Für viele Gießener täglich in der warmen Jahreszeit, für Besucher der Stadt auf jeden Fall ein lohnenswertes Ziel.

Beim Durchqueren des Botanischen Gartens gelangt man zu einem zweiten Ein-/Ausgang. Hier, in der Senckenbergstraße, treffen wir auf den Flachbau der **Hermann-Hoffmann-Akademie** der JLU. In Begleitung von Kindern sollte man unbedingt diesen Abstecher einplanen, denn im Vorgarten lugen zwei Urzeittiere über die Mauer. Ein sechs Meter hoher Apatosaurus sowie sein Zeitgenosse, ein sechs Meter langer Iguanodon. Relikte einer großen Dinosaurierschau einst in der Innenstadt. Nach drei Jahren Präparation ist zudem einer der 2016 in Norddeutschland gestrandeten Pottwale in besagtem Institut zu begutachten.

Wenn wir zurückgehen Richtung Innenstadt, außen entlang an der Gartenmauer (oder auch noch einmal quer durch die Artenvielfalt des Kleinods, dann klappt der Blick von innen), passieren wir ein Gebäude märchenhafter Gestalt. Der prachtvolle wilde Weinbewuchs vermittelt etwas Geheimnisvolles, lässt gerade noch die baulichen Konturen erkennen und der Fantasie freien Lauf. Im profanen Leben hat hier die Gartenverwaltung ihren Sitz.

Direkt neben dem Haupteingang des Botanischen Gartens entdecken wir eine sehr freundliche Adresse – Sonnenstraße 3 – und betreten das **Gießkannenmuseum**. Einzigartig in der Welt, außergewöhnlich und liebenswert zugleich, reiht sich in dieser extravaganten Sammlung Gießgefäß an Gießgefäß, Tülle an Spreize, französischer Kupferkor-

Joyce Almeida dos Santos Rust zeigt des Gärtners erste Pflicht - Gießen!

Johanneskirche am Ende der gleichnamigen Straße.

pus an asiatische Kunststoffkanne, kitschiges wasserspeiendes Froschmaul an frivoles Kunstwerk. Schmunzeln erlaubt. Seit zehn Jahren macht dieses lebendige Museum mit dem Städtenamen im Titel der Stadt Gießen alle Ehre. Ein partizipatives Museum, denn alle Kannen sind Bürgerspenden und haben viele kuriose Geschichten zu erzählen. Die Anekdoten und Hintergrundberichte ihrer Vorbesitzer sind übrigens alle nachzulesen auf der Webseite des Museums, die vom Bestand der über 1.400 Exponate aus aller Welt per Foto und Text berichtet. Ein Paradebeispiel für eine Sammlung aus dem Bereich Alltagskultur, ein Treffpunkt, der Heiterkeit verspricht – nicht nur der sonnigen Adresse wegen.

Wer Auskünfte von der **Tourist-Information** benötigt, muss an der Kreuzung einen kurzen Abstecher nach rechts vornehmen. Aber eigentlich verlassen wir die Sonnenstraße, indem wir nach links in die charmefreie Straße Neuen Bäue einbiegen und an zahlreichen Gaststätten aller Herren Länder vorbeilaufen. Wir passieren das Hochhaus, das linkerhand die Adresse Diezstraße 7 trägt. Das 44 Meter hohe Gebäude wurde Ende der 60er Jahre fertiggestellt. Die Auszeichnung höchstes Gebäude Gießens verlor das **Diezstraßenhaus**, das 1978 sogar ein größeres Feuer überstand, anno 2013, als das Dach-Café während der Sanierung die sogenannte „Skybar“ aufgesetzt bekam.

Via Neuen Bäue und mit der Gelassenheit, einige städtebauliche Hässlichkeiten an uns vorüberziehen zu lassen, geht es weiter Richtung Berliner Platz, dem zentralen Verkehrspunkt der Stadt. Zuvor werfen wir jedoch rechterhand einen Blick durch die Johannesstraße zur **Johanneskirche**, der größten evangelischen Kirche der Stadt. Mit stolzen 72 Metern handelt es sich um den höchsten Kirchturm Gießens. Die Kirche wurde 1893 in einem markanten Mischstil aus Gotik und Renaissance auf der ehemaligen Stadtbefestigung an der Südanlage errichtet, ist hessisches Kulturdenkmal und absolut prägend für das Stadtbild. Den Zweiten Weltkrieg überstand die Johanneskirche weitgehend unbeschadet.

Zielstrebig steuern wir jetzt das **Stadttheater** an. Ein Dreispartenhaus, das über die Region hinaus als kultureller Mittelpunkt gilt. Bei längerem Aufenthalt in Gießen ist ein Besuch des Musentempels dringend zu empfehlen, gleichgültig ob Oper oder Konzert, Schauspiel oder Tanztheater auf dem Spielplan stehen. Der klassizistische Bau mit Jugendstil-Einfluss wurde 1907 errichtet und versteht sich als Denkmal bürgerlichen Gemeinsinns, wie die Inschrift über dem

Der Stolz der kulturbeflissenen Gießener seit seiner Eröffnung 1907: Das Stadttheater am Berliner Platz, ganz offiziell ein Denkmal bürgerlichen Gemeinsinns.

Portal verrät. Der Grund: Eine Bürgerinitiative hatte eine feste Theaterspielstätte gefordert und zwei Drittel der Bausumme gespendet. Das Gebäude hat architektonische Geschwister im österreichischen Klagenfurt und dem tschechischen Gablonz, alle vom selben Wiener Architekturbüro geplant.

Weit entfernt von einer Spielart des Jugendstils ist die direkt gegenüber platzierte **Kongresshalle** der Universitätsstadt. 1964/65 erbaut, wurde sie 1966 als „Offenes Haus für alle Bürger" eingeweiht und kommt dieser Aufforderung bis heute nach. Der planende Architekt Sven Markelius aus Schweden zählt als Gründer des Schwedischen Funktionalismus zu den bedeutenden Vertretern der Moderne. Zweifellos waren seine Pläne anspruchsvoll, künstlerisch geprägt und ästhetisch aus einem Guss. Ein Kleinod, den Japanischen Garten nämlich, finden wir versteckt im Innenhof. Ein Ruhepol mitten in der Stadt, zu erreichen beim Rundgang um die Kongresshalle.

Zuvor werfen wir nach dem erneuten Überqueren des **Berliner Platzes** einen Blick auf das gläserne **Rathaus**, das den großzügigen Platz dominiert. Auch hier sind kulturelle Nutzungen wie Konzertsaal, Kunsthalle und Bibliothek untergebracht neben Verwaltungseinheiten und Stadtverordnetensaal. Ein repräsentativer moderner Bau, klar strukturiert. Die Gebäude übergreifende Natursteinfassade sorgt dafür, dass Rathaus und Kino als Ensemble einen elegan-

Kongresshalle mit Gedenkstein zur Erinnerung an die Synagoge und Metallplastik über dem Haupteingang.

ten und transparenten Hingucker abgeben. Schon ein bisschen architektonische Stadtreparatur, oder? Vielleicht hätte Georg Büchner sein niederschmetterndes Urteil über Gießen während seines Studienaufenthaltes hier („hohle Mittelmäßigkeit in allem“) angesichts von Jugendstil-Stadttheater, funktionaler Kongresshalle und lichtdurchflutetem Rathaus nicht gefällt. Am Rathaus-Eck zur Bushaltestelle hin steht eine Plastik, die nur auf den ersten Blick aussieht, als entstamme sie der Blechbüchsenarmee aus der Augsburger Puppenkiste. Während eines Symposiums 2009 schuf Metallbildhauer Ulrich Barnickel dieses „Paris“ betitelte Werk, das an jene verarmten Oberhessen erinnert, die im 19. Jahrhundert und früher ihr Glück in Frankreich suchten – wo sie sich als Straßenfeger verdingen konnten. „Kunst am Bau“, und wie so oft in der Kunst umstritten.

Wir gehen am Berliner Platz weiter geradeaus und überqueren an der nächsten Ampel die Straße. Und dann stehen wir davor, vor einem der Wahrzeichen Gießens, dem **Dach-Café**: Ein Besuch in diesem höchstgelegenen Restaurant der City ist nicht nur eine Belohnung nach absolviertem Stadtlauf mit vielen historischen Fakten

Blick aufs Rathaus; vorn rechts die „Paris“-Plastik.

und Zahlen. Der Einstieg in den Aufzug, um in den 13. Stock am Ludwigsplatz 11 zu gelangen, ist einfach ein Muss. Seit 60 Jahren schon bestimmt dieses Hochhaus die Skyline der Universitätsstadt, seit 2013 gestattet die **Skybar** im 14. Stock wieder den 360-Grad-Rundblick im Freien. Im Restaurant – lange Zeit mit dem Namen Bliedung verbunden, den vorherigen Pächtern – konsumierten zahllose Gäste Kuchen und Kaffee, wurde an Stammtischen gefachsimpelt und bei Familienfeiern versuchte man sich während üppiger Büfetts an Bilderrätseln im tief gelegenen Häuserwirrwarr.

Das kann man auch heute noch beobachten, zehn Jahre nach der Modernisierung und einem Angebot für neue Publikumsfrequenzen mit Lounge und Skybar sowie bunten Lichtorgeln in den Nachthimmel. Die großzügigen Panoramafenster ringsum bieten einen einzigartigen Ausblick auf Gießen und seine Grüninseln, die an die einstige Gartenstadt anknüpfen. Auch die prächtige Landschaft rings um die Universitätsstadt zeigt sich von hier aus und lockt alle Altersgruppen aufs Dach. Sonnenuntergang samt romantischer Stimmung inklusive. *Christine Littau-Rust*

Beste Aussichten auf Stadt und Umland hat man vom ersten richtigen Hochhaus Gießens, dem Dach-Café am Ludwigsplatz mit seiner „Skybar" auf dem 13. Stockwerk.

Frühling vor dem Neuen Schloss am Brandplatz.

BOTANISCHER GARTEN · Sonnenstraße 1.
Saisonal unterschiedliche Öffnungszeiten;
in der Regel von 20. März bis 20. Oktober jedermann zugänglich.

GIESSKANNENMUSEUM · Sonnenstraße 3.
Unterschiedl. Öffnungszeiten im Sommer- und Winterhalbjahr.
Von April bis Oktober auch sonntags, 15 bis 17 Uhr.
www.giesskannenmuseum.de

OBERHESSISCHES MUSEUM – ALTES SCHLOSS · Brandplatz 2
LEIB'SCHES HAUS · Georg-Schlosser-Straße 2
WALLENFELS'SCHES HAUS · Kirchenplatz 6
Üblicherweise Di. – So. 10 – 16 Uhr (Mo. geschlossen).
www.giessen.de/Oberhessisches_Museum/

Entlang der Wieseck bis an die Lahn

Entlang der Wieseck bis an die Lahn

Beschauliche Entdeckungsreise mit Start am Schwanenteich. Ein Abstecher zum Alten Friedhof macht Lust auf mehr.

Dauer: in eineinhalb Stunden zu schaffen
Länge: 4,6 km, praktisch keine Höhenunterschiede
ÖPNV: Linie 7 bis Haltestelle „Schwanenteich". Nach der Tour u. a. ab „Oswaldsgarten", mehrere Linien

Gießen ist besser als sein Ruf. Ich kann das beurteilen, denn ich bin hier aufgewachsen. Zweimal bin ich weggezogen, zweimal zurückgekehrt; das zweite Mal (vermutlich) für immer. Also: In Gießen kann man sich wohlfühlen, die Stadt hat viele gute Seiten. Aber eben nicht nur. Wer hier lebt, muss mit Brüchen klarkommen, mit dem Scharfkantigen, dem Abgewrackten. Auch auf den rund fünf Kilometern, die wir zwischen Wieseck und Lahn zurücklegen wer-

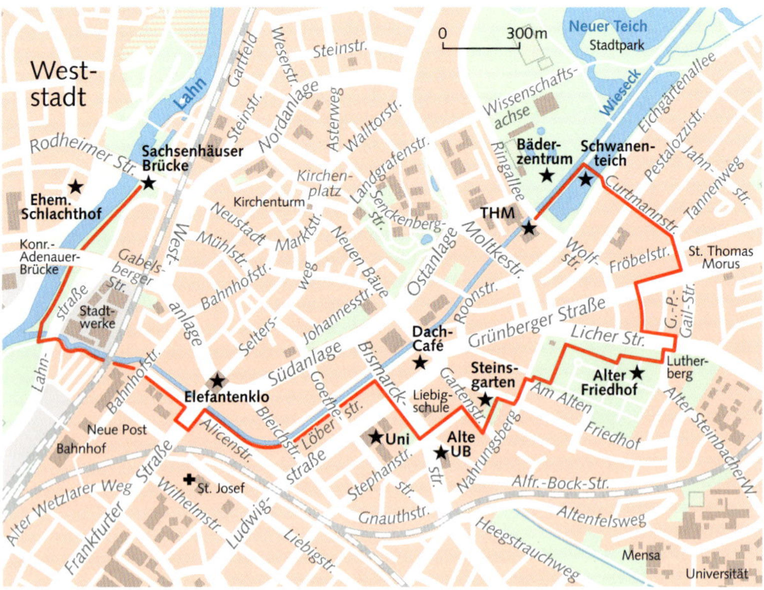

Blaue Stunde am Schwanenteich

den, liegen Schönes und Hässliches nah beieinander. Aber das Schöne überwiegt, versprochen! Und jetzt gehen wir endlich los.

Unser Ausgangspunkt befindet sich am **THM-Platz** in der Ringallee, der im Zuge der Landesgartenschau entstanden ist. Neben uns plätschert die Wieseck. Damit hätten wir schon die beiden Konstanten kennengelernt, die uns auf unserem Weg begleiten werden. Dem Lauf der Wieseck werden wir bis zu ihrer Mündung in die Lahn immer wieder ein Stück folgen. Und auf Spuren der Landesgartenschau werden wir nicht nur beim Start stoßen, sondern auch an unserem Ziel.

Das Großereignis von 2014 hat der Stadt einige schöne Orte beschert. Der balkonartige Platz an der THM, auf dem an sonnigen Tagen Ahornplatanen und Amberbäume Schatten spenden, gehört dazu.

Vor uns erstreckt sich der bereits in den 1930er Jahren angelegte **Schwanenteich**. Links davon fließt die Wieseck und dazwischen verläuft ein Spazierweg, den wir jetzt nehmen. Jenseits des Flüsschens blicken wir auf die großzügigen Liege- und Spielwiesen des **Freibads Ringallee**. Selbst an heißen Tagen findet man irgendwo auf den 80.000 Quadratmetern noch ein halbwegs ruhiges Plätzchen.

Als das Bad am 8. Juli 1956 eröffnete, regnete es. Mieses Wetter zur Eröffnung: das kennt man auch von Spektakeln jüngeren Datums. Am 26. April 2014, zur Eröffnung der Landesgartenschau, goss es in Strömen. Das Projekt, für das Gießen 2008 den Zuschlag erhalten hatte und das sich durch zahlreiche Baustellen ankündigte, war zunächst höchst umstritten. Nicht zuletzt die Baumfällungen in der Wieseckaue brachten viele Bürger auf die Palme.

Jetzt können wir es mit eigenen Augen sehen: Die Befürchtung, dass Wieseckufer und Schwanenteich zubetoniert würden, hat sich nicht bewahrheitet. Aber von ihrem geliebten kleinen Bogenbrückelchen, das einst über den Teich führte und nun im **Stadtpark** auf dem Trockenen liegt, mussten die Gießener Abschied nehmen. Es wurde durch den Betonsteg ersetzt, auf dem wir den Schwanenteich überqueren. Die Wieseck lassen wir erst einmal hinter uns. Wir werden später wieder auf das Flüsschen treffen.

Unser Weg führt durch die Curtmannstraße hinauf zur Grünberger Straße. Dort, an der Ecke, lohnt ein Blick auf die **Villa des Zigarrenfabrikanten Heinrich Cloos**, um 1910 im Landhausstil errichtet. Mehr verrät eine Infotafel vor dem Eingang. Die Grünberger Straße überqueren wir an der Fußgängerampel. Wahrscheinlich müssen wir einen Moment warten. Auch Gießen wollte seit den 1960-er Jahren autogerechte Stadt werden. Das merkt man noch heute, leider.

Während also der Verkehr auf der Grünberger Straße an uns vorbei braust, lassen wir den Blick schweifen. Links gegenüber sehen wir die 1967 geweihte katholische **St. Thomas Morus-Kirche**, deren ungewöhnliche kreuzförmige Architektur sich erst beim Betreten erschließt. Dahinter erheben sich die Wohnblocks am Lärchenwäldchen, drei architektonische Prachtexemplare aus den frühen 50er Jahren. Mit ihren acht Geschossen gelten sie zwar nicht als echte Hochhäuser, aber bei ihrer Fertigstellung waren sie mit Abstand die höchsten Häuser von Gießen.

Jetzt dürfte die Ampel endlich grün sein. Wir überqueren die Grünberger Straße, wenden uns nach rechts und nehmen dann die zweite Querstraße nach links. Ist das hübsch hier! Eine Insel aus rot-weißen Klinkerhäuschen und verwunschenen Gärten, ver-

Die Landmannstraße zwischen Grünberger und Licher Straße zählt zu den architektonisch besonders anmutigen Siedlungen der Straße.

steckt zwischen zwei vielbefahrenen Ausfallstraßen. Die Baugenossenschaft des evangelischen Arbeitervereins zu Gießen ließ die ersten dieser „Arbeiter-Villen“ Ende des 19. Jahrhunderts errichten. Günstiger Wohnraum war schon damals ein Thema. Heute ist die Siedlung, die unter Denkmalschutz steht, ein begehrtes Quartier. Ihren Charakter haben die Häuser trotz zahlreicher Modernisierungen bewahrt.

Und dann rauscht schon wieder der Verkehr. Wir haben die Licher Straße erreicht. Nun können wir zwischen den Autos hindurch huschen oder ein Stückchen weiter links an der nächsten Fußgängerampel warten … Jedenfalls müssen wir auf die andere Seite, um zu einem der schönsten Orte von Gießen zu gelangen: dem **Alten Friedhof**.

Seit der Einführung der Reformation durch Philipp den Großmütigen 1526 war es möglich, Verstorbene fern einer Kirche zu bestatten. Außerhalb der Stadtmauern entstand ab 1530 der Friedhof. Bis Ende des 19. Jahrhunderts trugen die Gießener hier ihre Toten zu Grabe, dann waren die Kapazitäten des mehrfach erwei-

Der Alte Friedhof zählt zu den bevorzugten „grünen Inseln" der Gießener. Hier abgebildet die Kapelle, unten das imposante Grabmal der Familien Mahla und Gail und daneben eines der jüdischen Gräberfelder.

terten Geländes erschöpft. Bekanntester Toter ist Wilhelm Conrad Röntgen, Entdecker der gleichnamigen Strahlen und erster Nobelpreisträger für Physik. Viele Grabmale sind kunsthistorisch interessant. Und wie jeder Friedhof ist auch dieser ein Wegweiser durch die lokale Geschichte. Kurzum: Der Alte Friedhof lohnt eine eingehende Visite.

Wir holen uns hier und heute jedoch lediglich Appetit, schließlich haben wir noch einiges vor. Wir betreten das Gelände durch den Eingang Licher Straße/Lutherberg, wenden uns gleich nach rechts und spazieren an den beiden jüdischen Gräberfeldern und den Denkmälern für die im Gießener Lazarett gestorbenen deutschen und französischen Soldaten des Kriegs von 1870/71 vorbei, die Mauer zur Licher Straße stets im Blick.

Bald erreichen wir die **Friedhofskapelle** aus dem 17. Jahrhundert. Ihr heutiges Aussehen verdankt sie der Restaurierung durch Hugo von Ritgen 1840; der bekannte Baumeister liegt übrigens auch auf dem Friedhof begraben. Wir umrunden den gedrungenen Fachwerkbau mit den Grabmalen an seinen Außenmauern und gelangen entlang der westlichen Mauer zum Tor am **Nahrungsberg**.

Schon sehen wir vor uns das **Hotel Steinsgarten**, vor dem wir in die Hein-Heckroth-Straße abbiegen, benannt nach dem in Gießen geborenen Bühnenbildner und einzigem Oscar-Preisträger, den die Stadt zu bieten hat. Gleich hinter dem Hotel führt durch eine kleine Grünanlage ein Verbindungsweg zur Gartenstraße. Mitten im Grün steht ein verwitterter Findling, darauf ein Bronzekopf-Relief. Wer den energischen Herrn nicht kennt, dem sei verraten: Es handelt sich um Turnvater Jahn.

Wir kreuzen die Gartenstraße. Ehe wir in die Stephanstraße abbiegen, erhaschen wir vor uns noch ein typisches Gießener Panorama: das 1960 eröffnete **Dach-Café** und dahinter den etwa 600 Jahre älteren Turm der einstigen **Stadtkirche**, zwei Gießener Wahrzeichen. Das dritte und originellste werden wir später auch noch sehen: das Elefantenklo.

Der nächste Gießenerische Anblick erwartet uns ein paar Meter weiter an der Ecke Stephanstraße/Bismarckstraße. Links von uns sehen wir die **Alte Universitätsbibliothek**. Beeindruckende 50er-Jahre-Architektur, aber total verschmierte Fassade. Einfach abkärchern geht leider nicht, in der Fassade wurde Asbest verbaut.

Wir schauen schnell weg, biegen nach rechts in die Bismarckstraße ein und passieren die **Liebigschule**. Ihre beiden Altbauten beherbergten früher zwei Schulen: die Oberrealschule und das Realgym-

Auch im Winter ein Fest fürs Auge: die Löberstraße.

nasium. Letzteres wurde zur Herderschule, die in den 1970er Jahren in die Weststadt umzog.

Jetzt sind wir an der Ludwigstraße angekommen, Gießens einst legendärer **Kneipenmeile**. Das **Ascot**, auf dessen grasgrüne Fassade wir schauen, ist als einer der letzten Dinosaurier aus dieser Ära übriggeblieben. Nun noch ein paar Schritte weiter durch die Bismarckstraße und da ist sie wieder: die Wieseck.

Zwischen Löber- und Lony-, Bismarck- und Bleichstraße durchfließt sie ein Quartier, das vom Bombenkrieg weitgehend verschont geblieben ist. Jedes Jahr im Juni lockt hier das Kunstfestival „Fluss mit Flair" Tausende Besucher an. Die Ende des 19. Jahrhunderts entstandene und vom Historismus geprägte Bebauung ist in der Löberstraße als geschlossenes Ensemble erhalten. Gegenüber, in der Lonystraße, mischen sich auch einige Neubauten unter die Gründerzeit-Architektur. Hier haben sich u. a. die IHK, die Verwaltung der Ev. Kirche, das Versorgungsamt sowie Rechtsanwaltskanzleien und Planungsbüros niedergelassen. Details zum „Bürgerlichen Wohnen" vermittelt eine Info-Tafel gleich neben der Wieseck-Brücke an der Ecke Bismarck-/Löberstraße.

Der Gießener Schlammbeiser mal nicht als plastisches Denkmal wie auf dem Kirchenplatz, sondern als farbintensives Graffiti. Zu sehen entlang des Fußweges an der Wieseck, zwischen Bleich- und Alicenstraße.

Wir schlendern die Löberstraße entlang, überqueren die Bleichstraße und schlagen den Fußweg entlang der Wieseck ein, der hinauf zur Alicenstraße führt. Die knalligen Graffiti, die die 3Steps (siehe Spaziergang Nr. 1) und andere lokale Künstler hier 2014 beim River Tales Street Art Festival gestalteten, sind am besten von der Wieseck-Brücke in der Bleichstraße zu erkennen. Hier hat auch der **Schlammbeiser** einen Platz gefunden, jene Gießener Kultfigur, der Axel Pfeffer, eine Legende der Gießener Fassenacht, Leben eingehaucht hat. Pfeffers ehemalige Kunstschlosserei befindet sich in der Löberstraße, sein überdimensionales Ebenbild thront neben dem Wonderful-Mural der 3Steps über der Wieseck.

Mehrgeschossige Wohnhäuser aus der zweiten Hälfte des 19. Jahrhunderts prägen auch das Bild der Alicenstraße, benannt nach der hessischen Großherzogin Alice (1843–1878), die ihre Zeitgenossen durch ihren Einsatz für Frauenbildung, Krankenpflege und Armenhilfe beeindruckte. Unser Weg führt uns zunächst zur Frankfurter Straße, einst Prachtboulevard und Wohnstätte des gehobenen

Historisch bedeutsames Haus in der Frankfurter Straße, unweit der Abzweigung Alicenstraße.

Bürgertums, heute viel befahrene Ausfallstraße. Wir müssen auf die andere Seite, und mal wieder haben Fußgänger schlechte Karten. Wir haben die Wahl. Entweder wir nutzen die Ampel ein Stück weiter links (und machen uns auf eine längere Wartezeit gefasst) oder wir wenden uns nach rechts und überqueren das **Elefantenklo**, dessen korrekte Bezeichnung „Fußgängerüberführung Selterstor“ lautet. Durch die Löcher, die der Betonkonstruktion die notwendige Leichtigkeit verschaffen, werfen wir einen Blick auf den tosenden Verkehr unter uns. Dann gehen wir wieder ein Stück die Frankfurter Straße hinauf und biegen nach rechts in den hinteren Teil der Alicenstraße ein.

Rechts von uns fließt weiter die Wieseck. Leider sieht und hört man sie nicht. Parkende Autos verstellen den Blick, der Verkehrslärm von der Frankfurter Straße im Rücken und der Bahnhofstraße vor uns übertönt jedes Plätschern. An der Bahnhofstraße empfängt uns ein monumentales Doppelhaus. Die Fassade zeugt vom Einfluss des Jugendstils, die grelle Spielhallen-Reklame von der heutigen Nutzung. Spätestens ab hier ist Schluss mit Idylle.

Trotz der Farbtupfer (noch) wenig vertrauenserweckender Fußweg zwischen Bahnhofstraße und Wieseckmündung, unter der Main-Weser-Bahn hindurch.

Wir folgen weiter dem Lauf der Wieseck. Rechts von uns das Einkaufszentrum-Einerlei von Aldi, Rossmann, Tedi und KiK, links die Abluftröhren einer Tiefgarage, dahinter die Angeber-Architektur der 1993 eingeweihten und von Anfang an viel zu großen **Neuen Post**. Es geht weiter abwärts, denn wir müssen unter der Eisenbahnbrücke durch. Hier lernen wir Gießen von seiner harten Seite kennen. In der muffigen Unterführung suchen regelmäßig Menschen Zuflucht, die kein anderes Dach über dem Kopf haben.

Ein paar Meter weiter ist alles schon wieder blitzblank gewienert. Unter dem Slogan **Wohnen an den Lahnwiesen** sind hier auf dem einstigen Gelände des Güterbahnhofs seit 2017 über 200 Wohnungen entstanden. Jetzt müssen wir nur noch die Lahnstraße überqueren und schon breiten sich besagte Wiesen vor uns aus. Im Sommer sind sie ein beliebter Ort zum Chillen, Grillen und Fußball spielen. Und die Wieseck ist auch wieder da. Ehe sie in die Lahn mündet, überqueren wir sie auf einem Steg, der ebenfalls im Zuge der Landesgartenschau entstand. Auf den letzten Metern unseres Spaziergangs biegen wir nach rechts auf den **Lahnwanderweg** ein.

Früher Schlachthof, heute extravaganter Wohnraum.

Vor uns, auf dem gegenüberliegenden Ufer, erhebt sich der rote Turm des **einstigen Schlachthofs**, der heute eine der wohl extravagantesten Wohnungen von Gießen beherbergt, 200 Quadratmeter Fläche, verteilt auf sechs Etagen.

Ziel unseres Spaziergangs ist die **Sachsenhäuser Brücke**. Schon im 16. Jahrhundert ist an dieser Stelle eine Holzbrücke belegt. Die heutige Brücke wurde 1846 bis 1848 erbaut, 1945 teilweise gesprengt, drei Jahre später wieder aufgebaut und seither mehrfach erweitert.

Wie schön es hier am Fluss sein kann, wissen die Gießener erst seit 2013. Damals wurden die Ufer für die Landesgartenschau ganz neu gestaltet. Für Familien ist der große Wasserspielplatz an der Lahnstraße ein Hit. Wir aber gehen noch ein paar Schritte weiter unter der Brücke hindurch bis zum **Mühlengarten**, auch eine Errungenschaft der Landesgartenschau.

In den Sommermonaten können wir bei schönem Wetter unseren Spaziergang unter freiem Himmel im **Strand-Café** ausklingen lassen.

Chill'n'grill! Junge und junggebliebene Gießener haben die Lahnwiesen sowie die Grünanlage bis zur Sachsenhäuser Brücke hin für sich als Raum der Entspannung entdeckt.

EXTRAS

Zurück zum Ausgangspunkt gelangt man mit dem Stadtbus (Linie 7 Richtung Philosophenwald) in acht Minuten (Einstieg Haltestelle Oswaldsgarten, Ausstieg Haltestelle Schwanenteich). Zu Fuß braucht man für den Rückweg quer durch die Innenstadt (Neustadt, Marktplaz, Kirchenplatz, Marktlaubenstraße, Brandplatz, Landgrafenstraße, Gutfleischstraße) etwa 20 Minuten.

Den Alten Friedhof kann man auf eigene Faust oder im Zuge einer kompetenten Führung erkunden. Flyer mit Lageplan und Erläuterungen hängen am Gärtnerhaus etwas oberhalb der Friedhofskapelle aus. Informationen zu den Führungen erteilt die Tourist Information (Schulstraße 4, Telefon: 0641-3061890, E-Mail: tourist@giessen.de, Infos auch unter www.giessen-entdecken.de)

Hundebesitzer können ihr Tier auf diesem Spaziergang getrost mitnehmen. Auch auf dem Alten Friedhof sind Vierbeiner gestattet, sofern sie angeleint sind. Die gesamte Strecke ist mit belloo-Beutelspendern bestens ausgestattet. Für Kinderwagen ist der Weg wegen einiger Treppen nur bedingt geeignet. *Ulla Sommerlad*

AM ALTEN FLUGHAFEN

Wie eine Stadt in der Stadt

Wie eine Stadt in der Stadt

Und jetzt? Gießen wird zur „Boomtown", wo ehedem James Brown die US-Soldaten bei Laune hielt – auch Straßennamen erinnern an die Amerikaner.

Dauer: gut zwei Stunden
Länge: mit Schlenkern etwa 4,5 km
ÖPNV: Linie 1 bis Haltestelle Industriestraße

Der Gießener Osten ist der Stadtteil, der sich in den vergangenen zwei, drei Jahrzehnten so rasant verändert hat wie kein anderer. Die Präsenz des Militärs vom Kaiserreich bis zur Bundeswehr und US-Armee sowie die Konversion haben die Stadt hier 120 Jahre lang geprägt. Die Wanderung führt durch Gegenden, die als militärische Sicherheitsbereiche für Außenstehende weithin tabu waren.

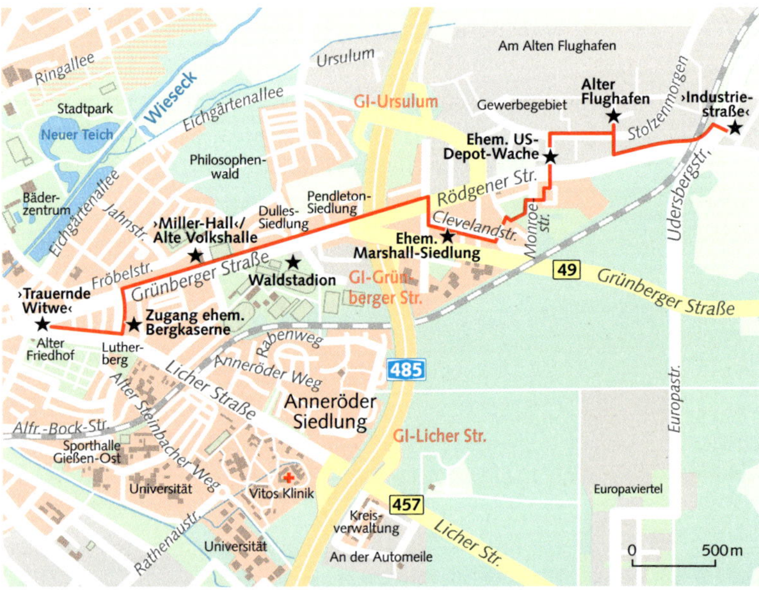

Blick auf den boomenden Gießener Osten.

Die Buslinie 1 ist die längste innerstädtische Verbindung der Stadt Gießen. Von den südlichen Vororten Lützellinden und Allendorf/Lahn führt sie quer durch die Stadt und endet im östlichen Stadtteil Rödgen. Um zum Ausgangspunkt unserer Wanderung durch die letzten 120 Jahre Gießener Geschichte zu gelangen, besteigen wir in der Stadtmitte am Berliner Platz einen Bus der Linie 1 in Fahrtrichtung Rödgen und fahren einen Teil der Wanderstrecke in entgegengesetzter Richtung schon einmal ab.

Ausstieg ist am Haltepunkt „Industriestraße". Leider versperrt ein Elektrizitätswerk den Blick nach Westen über das riesige frühere General Depot der US-Armee und auf die Burgenberge Gleiberg und Vetzberg. Jahrzehntelang befand sich dort, am Südostrand der weiten Wieseckaue, das zeitweise größte **Nachschubdepot der US-Armee** in Europa, angegliedert waren eine Kaserne für Kampftruppen und ein Sondermunitionsdepot für Nuklearmunition.

Wir schlagen vom Bushaltepunkt auf dem Trampelpfad neben der Straße die Richtung ein, aus der wir mit dem Bus gekommen sind, queren das Gleis der Vogelsbergbahn und gehen an dem um-

Gegenwart und Vergangenheit liegen im früheren US-Depot dicht beieinander.

zäunten Gelände auf der rechten Straßenseite weiter.

Hinter dem Zaun geben Personen mit gelben Schutzwesten, Lichtmasten und Videokameras einen Hinweis darauf, wie dieser Teil des Depotareals aktuell genutzt wird. In ihrer Not mietete die Hessische Landesregierung 2014 mehrere große Unterkunftsgebäude von der Eigentümergesellschaft an, um Asylbewerber unterzubringen. Auf dem Höhepunkt der sogenannten Flüchtlingskrise 2015/2016 sollen sich hier bis zu 7.000 Menschen aufgehalten haben. Die **Hessische Erstaufnahmeeinrichtung**, kurz HEAE, war damit zeitweise die größte in Deutschland. Land und Bund bauten an diesem Standort in der Folge ein modernes Ankunftszentrum auf, um sich für humanitäre Krisen zu wappnen. Im gesamten westlichen Bereich des 220-Hektar-Areals, das größer ist als das Fürstentum Monaco, entwickelt sich seit einigen Jahren ein großes Gewerbegebiet mit einem Wohnbereich.

Hinter dem hohen Zaun gruppieren sich einige große, ältere Gebäude, auf einem prangt die Aufschrift „Alpine Club"; eines der letzten Relikte aus der Zeit der amerikanischen Nutzung. Hinter dem

Lupenreiner Bauhausstil und seit der Sanierung eine architektonische Perle im Gießener Osten: das 1927 gebaute Flughafen-Empfangsgebäude. Knapp zehn Jahre lang diente es der zivilen Nutzung, dann übernahm das Militär.

Alpine Club führt eine neue Straße in das Gelände. die Lufthansastraße. Es ist der erste Hinweis auf die Nutzung vor den Amerikanern. Auf dem nun mit Firmengebäuden bebauten Gelände befand sich seit 1927 ein Regionalflughafen, der auch von der Deutschen Luft Hansa AG angeflogen wurde. Später griffen die Nationalsozialisten auf den Flughafen zu und richteten einen großen Militärflugplatz ein, auf dem unter anderem Einheiten eines Bombergeschwaders stationiert wurden.

Geblieben vom **Flughafen Gießen** ist das 1927 im Bauhausstil errichtete Empfangsgebäude, das der Eigentümer des Gesamtgeländes vor dem Verfall bewahrte. Es braucht etwas Fantasie, sich vorzustellen, wie dort einst „Tante Ju" vorrollte, um Passagiere abzusetzen oder aufzunehmen. Es gab einen richtigen Flugplan; Ziele waren unter anderem Frankfurt oder auch Hannover. Das Empfangsgebäude, das in den Jahren des Linienverkehrs ein Café mit Terrasse beherbergte und ein beliebtes Ausflugsziel für die Gießener war,

Die US-Truppen mussten bei Laune gehalten werden – auch mit Musik aus der Heimat: „Sex machine“ James Brown mit Bläsersatz, Band und Backgroundchor beim Gastspiel in Gießen.

steht auf einer Anhöhe, wenn man an der Kreuzung Lufthansastraße/Stolzer Morgen nach rechts schaut.

Wir gehen links weiter, neben uns erstrecken sich die Gebäude des Ankunftszentrums, rechts entsteht der neue große **Katastrophenschutz-Stützpunkt** für Stadt und Landkreis Gießen. An der nächsten Kreuzung gehen wir wieder links und verlassen das Wohn- und Gewerbegebiet „Alter Flughafen“.

Auf der anderen Straßenseite, etwa 100 Meter weiter, befindet sich ein unscheinbarer Schlichtbau, der einst die legendäre Funk- und Souldiscothek „Woodland Club“ beherbergte. Heute nutzt ihn die **Lebenshilfe**. Der Club befand sich auf US-Gebiet, aber mit Personalausweis und Dollars kam man auch als Deutsche*r rein. Weltstars wie James Brown und Earth, Wind & Fire gaben Konzerte, für die der US-Soldatensender AFN die Werbetrommel rührte. 2003 war Schluss, vier Jahre später wurden die Stars and Stripes in Gießen eingeholt. Abspann.

Die Stadt Gießen entschied sich, die amerikanischen Straßennamen beizubehalten, sodass einige Wohnstraßen im Gießener Osten nach US-Präsidenten wie Lincoln, Monroe, Marshall, Dulles, Cleveland, Jackson oder dem Bürgerrechtler Martin Luther King benannt sind.

Überhaupt: Vieles von dem, was dieser Spaziergang vermitteln soll oder kann, nährt sich aus der Erinnerung, aus einem bedeutungsvollen, jedoch alles andere als unumstrittenen Kapitel Gießen- (oder gar vollumfänglicher Kalter-Krieg-) Geschichte. Amis raus aus Vietnam! Amis raus aus Gießen! Aber war nicht „der Ami" auch kultureller Impulsgeber in der Stadt? (Vom Job- und Wirtschaftsfaktor wollen wir gar nicht erst reden.) Immerhin blieb etwas von dieser ehemaligen Stadt in der Stadt, von diesem anderen, dem „… way of life"-Geschehen. Die weitläufig angelegten Siedlungen an sich, die BBQ-Häuschen zwischen den Wohnkasernen, die überdimensioniert erscheinenden, mittlerweile gelb lackierten Hydranten. Selbst die **Pizza-Mouse** möchte man noch diesem Reigen hinzufügen. Wir müssen gar nicht erwähnen, dass zahllose Gießener in dieser Gegend die ersten Hamburger ihres Lebens aßen, erstmals Popcorn naschten; nachgerade beim Deutsch-Amerikanischen Volksfest, einer verklärenden Nordatlantik-Kirmes. Und die Taxifahrer hatten ihre Freude: Friday is payday!

Die US-Armee hinterließ Gießen weitläufig angelegte Wohnsiedlungen.

Zurück in der Gegenwart: Wir gehen über die Rödgener Straße geradeaus in das gegenüberliegende Gebiet; im Gebäude an der Stirnseite des früheren Kasernenhofs war mit dem Keller Theatre eine weitere amerikanische Kultureinrichtung untergebracht, die ebenfalls weit über Gießen hinaus bekannt war. Vor dem **Keller Theatre** gehen wir rechts hoch, überqueren die breite Monroestraße und gehen auf dem asphaltierten Fußweg durch die Wiese auf die Blocks der **Marshall-Siedlung** zu. Die durchqueren wir auf der Monroestraße, die in die Clevelandstraße mündet. An deren Ende

An der Rödgener Straße nur noch Erinnerung: „The Keller Theatre" wird mittlerweile in der Innenstadt geboten.

stoßen wir auf den Heyerweg, dem wir rechts bis zur Rödgener Straße folgen.

Die Blocks auf der anderen Straßenseite gehören zum „Eulenkopf", einem einstigen sozialen Brennpunkt, der durch die Sozialarbeit, die der international renommierte Psychiater Horst-Eberhard Richter hier einst leistete, bekannt wurde.

Weiter stadteinwärts stoßen wir auf die große Kreuzung, unter der die Stadtautobahn **„Gießener Ring"** verläuft. Früher pulsierte hier das amerikanische Leben zwischen dem PX-Supermarkt, der amerikanischen Tankstelle, den amerikanischen Schulen und Kindergärten sowie der US-Zahnklinik. Davon ist fast nichts mehr zu sehen.

Wir schlendern die Grünberger Straße entlang, flankiert von früheren Militäreinrichtungen. Rechts die Wohnblocks der **Pendleton-Siedlung**. Geht man einen der Fußwege hinein, stößt man auf die ersten **Zuckerhüte**, die Mitte der 1930er Jahre als Luftschutzbunker für die in den Wehrmachts-Kasernen untergebrachten Soldaten errichtet wurden. Je nach Bautyp fanden zwischen 150 und 600 Personen darin Platz.

Das Militär ist gegangen, die Spitzbunker entlang der Grünberger Straße blieben.

Gießen ist so etwas wie die Welthauptstadt der Spitzbunker, Bauart „Winkel". Acht Stück stehen noch im Osten der

Stadt, einer wurde zur Kletterwand umfunktioniert. Etwas weiter stadteinwärts stehen noch zwei, die einen Supermarkt „bewachen". Ein weiterer fast am Lärchenwäldchen. Sie gehörten früher zur Bergkaserne, die bis zur Schließung von der Bundeswehr genutzt wurde.

Auf der rechten Seite ziehen sich weitere Wohnblocks hin, der Pendleton- folgt die **Dulles-Siedlung**. Hunderte Gießener und Zugezogene fanden hier nach dem Abzug der Amerikaner preisgünstige Miet- und Eigentumswohnungen und wurden zu „Genossen".

Die auffällige Halle rechts, in der sich aktuell ein großes chinesisches Restaurant befindet, ist ein weiterer lokaler Mythos. In Gießen kennt sie jeder unter dem Namen **Miller Hall**. Errichtet wurde sie bereits 1925 aus Spenden der Bevölkerung als Volkshalle. Sie war unter anderem Schauplatz großer Wahlkampfveranstaltungen, Naziführer Adolf Hitler hielt 1931 hier eine Kundgebung an. Nach dem Krieg diente sie den Amerikanern als Sportzentrum und wurde zur Keimzelle des Gießener Basketballs, der zur Stadt gehört wie die Lahn oder das Stadttheater.

Am Anfang hieß sie nur Volkshalle, die Amerikaner widmeten sie zur „Miller Hall" um. Jetzt heißt sie „Miller Haus".

Bevor es stadtwärts weitergeht, reflektieren wir kurz, was wir auf dem Weg zur „Miller Hall" linker Hand sahen. Da lag die vorbildliche Anlage des leistungsstarken **Tennisclubs „Rot-Weiß"**. Dahinter das **Waldstadion**, in dem die Fußballer des traditionsreichen VfB 1900 als Hessenligisten große Erfolge feierten und wo jetzt der FC Gießen versucht, sich in der Regionalliga zu etablieren. Anschließend das weitläufige Areal des Uni-Instituts für Sportwissenschaft. Jenseits des Kugelberges, der Licher Straße und des angrenzenden Lutherberges – wenigstens erwähnen wollen wir es an dieser Stelle – liegt die **Sporthalle Ost**, die „Osthölle", Spielstätte des Basketball-Bundesligisten Gießen 46ers. Der heißt bei den Alteingesessenen immer noch wie der Ursprungsverein, nämlich MTV 1846.

Wir spüren es im Verlauf des Spaziergangs: Militärgeschichtlich vermischen sich die Epochen hier oben auf dem Trieb, wo in grauer Vorzeit die Stadt-Bauern ihr Vieh weiden ließen. Wir kommen „vom Ami" zu uns selbst, zu unseren Vorvätern, zur eigenen Vergangenheit. Unverdächtig: Beim Blick „down-town" erkennen wir das Dach-Café-Hochhaus. Hinter dem **Zollamt** und der katholischen **St. Morus-Gemeinde** nehmen wir eine Treppe links hinauf. Oben geht's weiter, bis – schon sind wir wieder da – die alte Außenmauer der Bergkaserne auftaucht, die ein martialisches **Soldaten-Relief** aus der Nazizeit ziert.

Martialisch anmutendes und unter Denkmalschutz stehendes Relief an der Mauer, die ehedem die Bergkaserne zum Lärchenwäldchen hin abgrenzte.

Das Werk aus dem Jahr 1938 steht unter Denkmalschutz. Es stammt von Carl Bourcarde von der Weilburger Grenze in Gießen, einem hinsichtlich seines gestalterischen Könnens begnadeten Bildhauer – der, so die Historiker, kein ausgewiesener Nazi war. Das Relief sei „eine typische Arbeit für die ideologisierte und instrumentalisierte Kunstauffassung der NS-Zeit".

Arno Breker kann einem in den Sinn kommen. Wir lassen es, wollen den Spaziergang nicht schon jetzt überfrachten, und folgen der nahen Licher Straße stadteinwärts.

Die Trauernde Witwe des Künstlers Matthes I. von Oberhessen.

An der großen Kreuzung, an der sich Grünberger und Licher Straße gabeln, endet die Wanderung an einem geschichtspolitisch bedeutsamen Ort, der über Jahrzehnte wie kein zweiter in der Stadt für die Auseinandersetzung mit der Nazizeit stand. Am **Mahnmal** für die im Zweiten Weltkrieg umgekommenen Flieger des Kampfgeschwaders 55 „Greif", das in Gießen stationiert und an der Zerstörung polnischer, holländischer, englischer und russischer Städte beteiligt war, hatten sich in den Nachkriegsjahrzehnten die Veteranen getroffen. Ab den 1980er Jahren gab es Proteste gegen die Treffen und den Ort, mehrfach wurde der „Greif" von der Spitze des Obelisken geklaut. Erst mit der Errichtung der **Trauernden Witwe**, einem Werk des Künstlers Matthes I. von Oberhessen, und der Anbringung von Info-Tafeln konnte die Stadt den Platz befrieden.

Am 6. Dezember 1944 hatte Gießen den Feuersturm geerntet, dessen Wind zwischen 1939 und 1941 von den hier stationierten Bombenflugzeugen in Europa gesät worden war. *Burkhard Möller*

FÜHRUNGEN – An welchen Tagen die Gießener Stadttouristik die Führung „Little America in Gießen" anbietet, lässt sich unter www.giessen-entdecken.de in Erfahrung bringen. Diese Tour beschäftigt sich mit dem Alltagsleben der Soldaten und deren Familien in unserer Stadt; dem abgeschirmten ebenso wie jenem, das in die Stadt ausstrahlte.

Der Seltersweg: Pulsierende Hauptschlagader

SELTERSWEG
orsay
SÜSSE CHURROS

Der Seltersweg: Pulsierende Hauptschlagader

Der den Fußgängern vorbehaltene Straßenzug zwischen Selterstor und Marktplatz ist seit Menschengedenken die Promenade der Gießener.

Dauer: eine Stunde bis unendlich
Länge: rund 800 Meter einfach, alles bretteben
ÖPNV: div. Buslinien mit Haltestellen Liebigstraße, Selterstor, Katharinengasse, Johanneskirche. Weiterfahrt ab Marktplatz möglich

Es gibt keine Straße, keine Gegend in der Stadt, die den Gießenern eine derart unbedingte Herzensangelegenheit ist: Bald jeder, egal ob Kind oder älterer Mensch, kann von sich und dem **Seltersweg** eine Geschichte erzählen. Angesichts solcher Spannweite liegen im südwestlichen Zwölftel der kreisrunden Innenstadt Vergan-

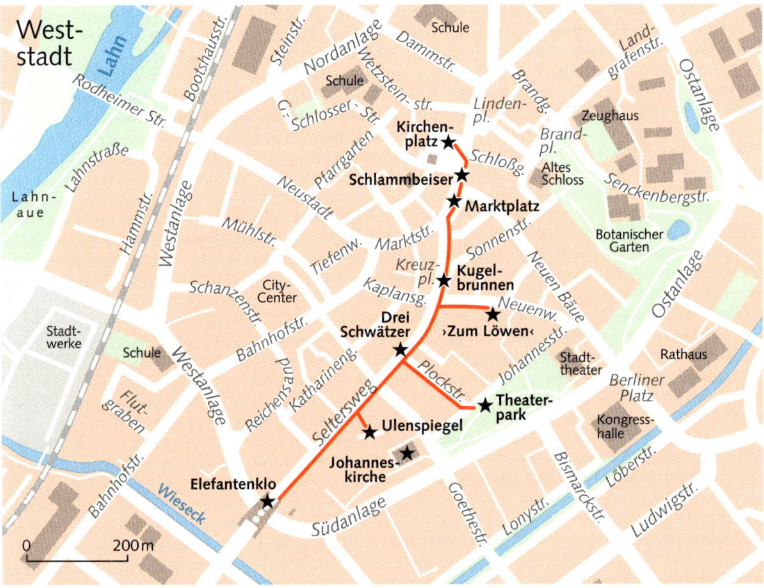

genes und Gegenwärtiges dicht beieinander. Vielem davon werden wir begegnen beim Bummel über den „Selters", in den wir praktischerweise den Rest der Fußgängerzone bis zum Marktplatz einbeziehen. Wie das übrigens so ist mit Herzensangelegenheiten: Liebeskummer nicht ausgeschlossen! Man kann sich reiben an diesem Straßenzug, an dieser Stadt. Das spüren wir auch bei unserem Spaziergang.

Wenn man behaupten wollte, dass Marktplatz und Stadtkirchenturm das historisch gewachsene Herz Gießens darstellen (zumal dort fast 500 Jahre lang das Rathaus stand), dann passt zum Seltersweg bei anatomischer Betrachtung das Bild der pulsierenden Hauptschlagader. Er ist, samt einzelner Nebenstraßen, Gießens Boulevard und Einkaufsmeile, ist der Straßenraum für Erledigungen und Besorgungen, für Begegnungen und Miteinander. Ist Treffpunkt und bevorzugte Promenade: Nirgends in der Stadt sieht man mehr Menschen als dort. Statistisch erfasst sind es 11,5 Millionen pro Jahr, 4.730 pro Stunde. Am ersten Adventssamstag 2019 etwa waren es mehr als 48.000. Sehr zur Freude all jener, die vom Handel leben, von der Geschäftigkeit. Mit dieser „Pulsfrequenz" liegt Gießen mit an der Spitze beim Vergleich der deutschen Städte unter 100.000 Einwohner.

Der Oberhessen-Boulevard, über den wir schauend und staunend oder auch nörgelnd und schmunzelnd schlendern wollen, hat zwei Enden, und die sind öfter Anlass für Schlagzeilen, als es den Leuten lieb ist: Selterstor und Marktplatz. Wegen deren baulicher Gestaltung heißt es, angehende Architekten aus der ganzen Republik würden zum Anschauungsunterricht anreisen, um gewahr zu werden, wie man es besser nicht mache mit Stadterneuerung.

Gerade beim Auftakt zum Spaziergang am **Selterstor** zeigt sich, dass auch Gießen zu bieten hat, was die Journalistin Christine Westermann unlängst „ihrer" Stadt Köln attestierte, nämlich eine Art „ausgewählter Hässlichkeit". Wir stehen auf, neben und unter der 1968 aus Leichtbeton errichteten Fußgängerplattform, die die Kreuzung über den Anlagenring zur Frankfurter Straße hin auf fast 50 Meter Länge und bis zu 29 Meter breit überspannt. Wegen drei-

Zu den gewiss streitbaren Wahrzeichen Gießens zählt das „Elefantenklo", eine Fußgängerüberführungsplattform von der Größe einer ganzen Straßenkreuzung.

er großer Löcher hatte der Volksmund diesem Plateau schnell einen Namen verpasst: **Elefantenklo**, oder kurz E-Klo.

Der betonbrutale Funktionsbau – mehr sollte es wohl nicht sein – überlebte alle despektierlichen Betrachtungen, nicht minder die zahllosen Debatten um Aufhübschen oder Abriss. Im Gegenteil: Fünfzig Jahre später zählt er zu den sogenannten Sehenswürdigkeiten der Stadt, zu den Wahrzeichen. 2013 schaffte das E-Klo einen ausführlichen Eintrag ins Wikipedia-Lexikon, und wer den Begriff googelt, erzielt 28.000 Treffer.

Bevor wir ihm den Rücken zukehren, nehmen wir mit Interesse einen vor nicht allzu langer Zeit gesetzten Gestaltungsakzent zur Kenntnis. Zum Seltersweg hin wurde ein vertikaler Brunnen installiert, ein abends hell erleuchteter Wasserfall, gleich einem Erfrischung verheißenden Vorhang. Das E-Klo verfügt seither sozusagen über eine Wasserspülung.

Ein zweites Mal stößt gleich zu Beginn der Tour ein städtebaulich suboptimaler Hingucker auf. Das Kaufhaus zur Linken liegt da wie ein vor sich hin rostender Ozeanriese in einem kleinen Hafen. Die zweifelsohne seit 1931 ungebrochen hohe Bedeutung von **Karstadt** für den Einzelhandelsplatz Seltersweg – das Haus ist quasi der Ankermieter in der City, gilt als Quotenbringer – spiegelt sich nicht an den Fassaden und ebenso wenig in den vielfach zugeklebten Schaufenstern. Wir wollen gar nicht vorschlagen, sich dem von der Westanlage her zu nähern. Von wegen „Entrée". Der verklärte Blick führt dem Alteingesessenen die Bilder vor Augen, die sich ihm in der Kindheit eingebrannt haben beim Schaufensterbummel im Advent. Alle Fenster rund ums Karree waren detailverliebt und kunstvoll anmutend gestaltet.

Das Schild steht etwas abseits, drum sei angemerkt, dass die erste links abzweigende Straße Kinogasse heißt; in Erinnerung an das in den 1930ern erbaute „Gloria", einen Filmpalast, der in seiner Glanzzeit zudem als Musikbühne und Boxarena diente. Heute werden unter dessen Dach einerseits betörende Düfte und andererseits anregende Bücher verkauft. Nur beiläufig, um die Aufbruchstim-

In der Mitte das frühere Wirtshaus Trinkaus (1906/07), das über einen Ballsaal und eine Metzgerei verfügte, rechts daneben das sogenannte „Büchner-Haus", eines der ältesten Innenstadtgebäude.

mung nicht gänzlich zu trüben, wollen wir daran erinnern, dass bis 1968 (!) am Ende dieser Gasse Gießens erstes Hallenbad stand, ein Jugendstilbau aus 1898. Anlass fürs Niederlegen war der Parkhausneubau. Wie sagte einmal die Journalistin Jutta Seifert sinngemäß, seinerzeit im Zusammenhang mit dem Abriss des Behördenhochhauses: Skrupel beim Abriss von Stadtbild und Identität prägender Bausubstanz waren an der Lahn selten sehr ausgeprägt.

Wir wollen weiter, wenden uns der architektonischen Schokoladenseite des Seltersweges zu. Sieht man von den ersten beiden Gebäuden am Selterstor ab, tut sich für den Betrachter zumindest nach oben hin eine außergewöhnlich anmutige Reihe an lupenreinen Gründerzeitfassaden auf. Hier ein Löwe zur Zierde, dort ein florales Flächenornament, hier ein kunstvoll gestaltetes Kapitell, dort die sauber herausgearbeiteten Fensterstürze. Reliefschmuck, Putten und anderes tragen zum Kulturdenkmal-Status dieser Häuserzeile bei. All dies ist das Resultat einer ersten größeren Stadterneuerung um 1900. Erst mit ihr war der vor allem zu den Seitenstraßen hin eher ärmlich anmutende Seltersweg zur Einkaufsstraße geworden, was später auch an der 1909 eingeweihten Straßenbahnlinie gelegen haben mag oder an dem von 1914 an amtierenden Oberbürgermeister Karl Keller, der den Einbau von Schaufensterfronten und -beleuchtung fördern ließ.

An dieser Stelle muss die Rede sein vom Business Improvement District Seltersweg. Dieses BID, eines von vieren in der City und gegründet 2006, ist die Interessengemeinschaft der Hauseigentümer und Geschäftsleute, die mit selbst oder mitfinanzierten Maßnahmen die Attraktivität der Straße erhalten oder, besser noch, steigern wollen. Rational wie emotional motivierte Informanten zu diesem Thema sind BID-Geschäftsführer Markus Pfeffer und Vorsitzender Heinz-Jörg Ebert, zwei „hundertpro“-Gießener. Ebert führt mit seiner Familie in dritter Generation das **Schuhhaus Darré** am Selterstor, ist dort aufgewachsen.

Rund 2,5 Millionen Euro hat das BID investiert, damit dem Seltersweg das Schicksal vieler 60er-Jahre-Fußgängerzonen erspart blieb; die Verödung, die Leere am Tag und mehr noch am Abend, das Übermaß an Leerständen, eine nachlassende Kundenfrequenz, das Vermüllen. Zur Leistungsbilanz des BID zählen etwa die weitgehend moderate Gestaltung der Werbeanlagen und die abendliche Fassadenbeleuchtung, Brunnen und Standuhr am E-Klo sowie zwei interaktive Großbildschirme als Informationsquelle für jedermann, die 65 Buchsbaum-Kübel und die mit schmucken Fotos verkleideten Verteilerkästen. „Wir sind mehr als eine Werbegemeinschaft, wollen die Straße anmutig gestalten, für Aufenthaltsqualität sorgen", sagen Pfeffer und Ebert. Man kümmere sich um Infrastruktur, sei bei Bedarf Leerstandsmakler, vermittle Kontakte, fördere das Miteinander der Hausbesitzer, denen ja daran gelegen sein müsse, dass „die Gass' nedd verkommt". Aber nicht nur Kümmerer, auch Erlediger wolle man sein.

Besonderen Eindruck machen jene Fassaden, die erst in jüngerer Zeit eine der Geschichte entsprechende Aufwertung erfuhren. Darunter das 1906/07 errichtete und 2005 komplett exzellent sanierte Anwesen Nummer 50 an der Ecke zur Wolkengasse. Ehedem war's Gaststätte mit Metzgerei und einem Tanzsaal, in dem „die besten Damenkapellen aus ganz Deutschland" spielten. Später siedelte dort der erste „Aldi" der Region an, zog zudem die „Nordsee" ein. Alles schon lang her. Am anderen Eck steht das **Büchner-Haus**. Ein bedeutendes Gießen-Zeugnis aus dem 18. Jahrhundert, eines der ältesten Gebäude der Stadt: Von dieser Kubatur waren bis zur vorvergangenen Jahrhundertwende etliche Gebäude zwischen Wolkengasse und Kreuzplatz. Ob „Landbote" Georg Büchner hier wohnte während seiner Gießener Studentenzeit 1833/34, das wird angezweifelt. Umgekehrt: Die Seltersweg-Häuser, in denen er lebte, stehen nicht mehr. Ist auch nicht so wichtig. Büchners „Hessischer Landbote" mit der Forderung „Friede den Hütten! Krieg den Palästen!" bleibt zweifelsfrei ein Produkt aus Gießen. Dass er der Stadt seiner Zeit „eine hohle Mittelmäßigkeit in allem" zuschrieb, sei ihm vergeben.

Vis-à-vis von Büchner verlassen wir die Hauptstraße, suchen das Anwesen Seltersweg 53/55 auf – und landen auf einer Insel. Das aus städtebaulichen, künstlerischen und wirtschaftsgeschichtlichen Gründen unter Denkmalschutz stehende Ensemble ist stadthistorisch wertvoll. Der unterschiedlich genutzte Gewölbekeller dort

Denkmalschutz-Juwel in der zweiten Reihe: Das Ensemble Seltersweg 55.

könnte Teil der Stadtbefestigung aus dem 17. oder 18. Jahrhundert gewesen sein. Jahrzehnte wurde in dem Anwesen mit Weinen und Likören gehandelt. Das Bistro zur Linken mit dem anschließenden Biergarten zur Johanneskirche wird gern, wie's ehedem hieß, „Bitchen" genannt. Der **Ulenspiegel** im Keller daneben zählt zu den attraktivsten, zudem oft live bespielten Musiklokalen Gießens. Die Gewölbe-Galerie **Atelier 23** rechts davon wird von der Lebenshilfe betrieben und zeigt Werkstücke und Bilder von Künstlern mit Beeinträchtigung.

Wieder zurück, fällt auf der anderen Straßenseite der Promenade eine große, eher dröge Neuzeitfassade auf. Dort hatte um 1960 das renommierte Hotel Prinz Carl einem Kaufhausneubau weichen müssen. Doch dem Hertie-Ableger „bilka" – Markenzeichen: Hähnchenduft aus der Caféteria im offenen Obergeschoss zog durchs ganze Haus – war kein nachhaltiger Erfolg beschieden. Folgte bis 2019 für 28 Jahre Peek & Cloppenburg. Seither (und bis Redaktionsschluss dieses Büchleins): unguter Leerstand.

Daneben an der Kreuzung mit Goethestraße und Löwengasse ein Juwel, das **Charlotte-Croon-Haus**. Wieder so ein Gießen-Ge-

Mit der jüngsten Erneuerung der Fußgängerzone bekam der Seltersweg auf halber Strecke, zur Löwenstraße hin, eine frisch herausgeputzte Piazza. In der Bildmitte links das Charlotte-Croon-Haus und im Hintergrund der Turm der Johanneskirche.

schichtskapitel für sich. 1900 errichtet, war das Haus Nummer 25 im Krieg zur Hälfte zerstört worden. 71 Jahre nach dem Bombenhagel wurde diese Wunde baulich verheilt, erfüllte sich Christa Becker, die Enkelin des Erbauers, einen Lebenswunsch. Vorgängerbau, Eckturm, Fassade und Dach nehmen die aus der Historie vorgegebenen Proportionen auf. All das war nur möglich, weil sich Beckers Opa, Christoph Croon, den Forderungen der Stadt widersetzt und die verbliebene Gebäudehälfte auf Dauer baulich gesichert hatte. Architektin Ute Kramm sprach 1994 von „einem Stück Stadtreparatur" durch „ein extrem gewolltes Gebäude". Bitte mehr davon!

Wir können uns verlieren in dieser Straße, die dem Namen nach nur ein Weg sein will. Kommen von Hölzchen auf Stöckchen, sehen das Heute und kramen im Fundus der Erinnerungen. Kommen zu der Auffassung, dass sich dieser Seltersweg immer wieder neu erfunden hat, allen Unkenrufen zum Trotz. Weder das Ende der 1970er errichtete **City-Center** und das Kaufhaus Horten (später Kaufhof, jetzt C&A) in unmittelbarer Nachbarschaft, noch der dritte architektonische Ozeanriese, eine – allein der Begriff lässt einen erschaudern – Mall namens **Galerie Neustädter Tor**, konnten die Strahlkraft des Selterswegs mindern.

Die Menschen hier „auf dem Selters“ scheinen einander alle zu kennen. Links weg in den Straßencafés gegenüber des langgezogenen **Bodenbrunnens** in der Löwengasse kann man diesen Eindruck gewinnen. Ebenso einen Katzensprung entfernt im und vorm Tchibo, der hier – zunächst ein paar Häuser weiter – seit einem halben Jahrhundert präsent ist. Nicht zuletzt, gleich sind wir da, bei der lebensgroßen Bronzeskulptur der **Drei Schwätzer** und in der dort abzweigenden Plockstraße.

Beim Kaffeeröster fällt uns eine Anekdote aus den Achtzigern ein. Boris Becker hatte erstmals Wimbledon gewonnen, da verkaufte „Tchibo“ auf einmal Tennisschläger jenes Modells, mit dem der junge Champion spielte. Sehr zum Verdruss des unmittelbar benachbarten und alteingesessenen Sporthändlers Bertold Kuhne, zumal diesem kurz zuvor schon einmal Langlaufski-Ausrüstungen vor die Nase gesetzt worden waren vom Großkonzern. Kuhne stieg ins Auto, fuhr zum Lebensmittelgroßhändler – und orderte eine Palette Jacobs-Kaffee, den er als Sonderangebot verkaufte. Preiswerter als vergleichbarer Kaffee des Filialisten. Sehr zur Freude des Publikums. Ausgang bekannt: Kuhne gibt’s nicht mehr. Hat aber wohl kaum mit Tchibo zu tun, sondern eher mit, nennen wir’s, der Gesamtgemengelage.

Was es mit den zuvor bereits apostrophierten Seltersweg-Einzelheiten auf sich hat, lässt sich gerade an dieser Stelle belegen. Neben dem Reisebüro in Haus Nummer 24 – das Gebäude war übrigens der erste Standort von Karstadt, damals noch als „Karzentra“-Kaufhaus – steht ein Straßenschild mit dem phantasieanregenden Namen Teufelslustgärtchen. Es ist der nahezu letzte Hinweis auf jenen Teil der Innenstadt, der einmal als verrucht galt und Gießen um 1950 wegen der hohen Dichte an Prostituierten den zweifelhaften Ruf als „Shanghai an der Lahn“ einbrachte. Nicht nur die bis zu 30.000 US-Soldaten suchten dort Unterhaltung. Das ehemali-

Sie zählen seit fast 40 Jahren zum Inventar der Stadt: die in Bronze gegossenen Drei Schwätzer namens Mariechen, Waldemar und Justus, platziert an der Einmündung der Plockstraße.

ge Teufelslustgärtchen zog sich eigentlich nur bis zur Katharinengasse hin, aber wenn man davon sprach, war das ganze Sündenbabel gemeint, dessen bevorzugten Etablissements vor allem in der parallel zum Seltersweg verlaufenden Bahnhofstraße zu finden waren. Ist übrigens auch literarisch festgehalten, namentlich in Peter Kurzecks Meisterwerk „Vorabend".

Die „Drei Schwätzer" des Bildhauers Karl-Henning Seemann, ein Geschenk der Volksbank aus Anlass ihres 125-jährigen Jubiläums 1983, haben das, was man heute gemeinhin Kultstatus nennt. Mariechen, Waldemar und Justus sind Wahrzeichen und beliebter Treffpunkt, geben die Kulisse ab für lustige Fotos oder werden mit Mützen und anderen Accessoires ausstaffiert. Hinter ihnen erstreckt sich die **Plockstraße**, die der neueren Straßencafés und des gastronomischen Angebots wegen gegenwärtig eine angesagte Adresse ist. Das Glanzlicht ist älteren Datums, ist Gießen-Institution: das **Café**

Geißner, gegründet vor bald 120 Jahren. Ist Kaffeehauscharme in Reinkultur. Ist Konditorei und Chocolaterie. Ist Feinbäckerei und süße Sünde.

Am Ende der Straße müssen wir kurz innehalten. Vor uns liegt, was einmal Park an der Südanlage hieß und jetzt gemeinhin, wegen unmittelbarer Nähe, **Theaterpark** genannt wird. Klingt ein wenig dick aufgetragen, fast euphemistisch, gerade wenn man es in Zusammenhang mit kommerziellen Aktivitäten liest: „Wohnen am Theaterpark" – als wär's der Englische Garten. In der Ecke zum Röntgen-Denkmal hin stehen in dieser Grünanlage die **„Gießener Köpfe"** von Hein Heckroth, Hermann Levi und Hugo von Ritgen. Man achte auf deren Ausrichtung.

Rechter Hand von uns erhebt sich die 1893 errichtete und seither das Stadtbild mit prägende **Johanneskirche** samt ihres mehr als

Die Plockstraße mauserte sich zu einer Art Gastromeile. Zu den ständigen „Beobachtern" zählen die sozial engagierte Liebig-Urenkelin Dr. Margarete Bieber und die in Auschwitz ermordete Pädagogin Hedwig Burgheim, zwei von drei dort stehenden „Gießener Köpfen".

70 Meter hohen Turms. Zwischen alle dem und direkt vor uns noch ein Hingucker, wie ein Bild von Edward Hopper oder ein Modellbahnbauteil von „Faller“: der 1959 errichtete **Blumen Corso**-Pavillon. Weiland hochmodern, heute nostalgisch bezaubernd – und immer noch eine Floristikperle. Den gastronomisch motivierten Übernahmeangeboten zum Trotz: Es möge so bleiben!

Zurück auf der Magistralen lohnt alsbald der Blick auf den Boden: Wo der Seltersweg in den **Kreuzplatz** übergeht, an der Einmündung von Neuenweg und Kaplansgasse, hat die Stadt bei der bislang letzten aufwändigen Sanierung um 2010 durch ein Bodenornament mit dunklen Granitplatten sowie gläserne Lichtbänder den historischen Kreuzungsverlauf markiert. Spätestens hier wird augenfällig, dass der untere Teil des Seltersweges beim Wiederaufbau nach dem Krieg breiter angelegt worden ist.

Gerade weil dereinst Herr Goethe hier speiste und debattierte, genießt das noch im Original stehende Gasthaus „Zum Löwen“ historisch besonderes Ansehen. Unmittelbar davor gefällt eine Plastik, die im Volksmund auch „Liebesbrunnen“ genannt wird.

Einkehren wollen wir in einem der Cafés im Neuenweg, um das Fachwerkhaus auf der südlichen Straßenseite zu betrachten. 1772 war es, dass sich dort ein gewisser Herr Johann Wolfgang Goethe mit Freunden traf, um im Gasthof **Zum Löwen** zu essen, zu trinken, zu plaudern. Der spätere Dichterfürst war weiland Praktikant beim Reichskammergericht in Wetzlar und mächtig verliebt in die Verlobte eines Kollegen, ein eben 19-jähriges Fräulein Charlotte Buff. Was daraus wurde? Die große Liebe fürs Leben nicht, aber immerhin ein Bestseller von Weltgeltung: Die Leiden des jungen Werthers. Dazu passt, dass die Brunnenplastik unmittelbar vor dem Restaurant, die der Bildhauer Karl Ulrich Nuss 1984 im Auftrag der Sparkasse Gießen schuf und die ein mutmaßlich miteinander flirtendes Paar zeigt, im Volksmund bisweilen **Liebesbrunnen** genannt wird.

Blick auf die Uhr. Dürfen wir noch einmal …? Ja, dieser letzte Abstecher muss sein. Vor dem markanten, als Kulturdenkmal eingetragenen Gebäude am Kopf des Platzes – heute mit Allerweltsbuchladen im Erdgeschoss, ehedem das seriöse Modehaus Imheuser – und vor dem von Bildhauerin Ruth Leibnitz 1975 entworfenen **Kugelbrunnens** gehen wir kurz in die Sonnenstraße. **Spielwaren Fuhr** ist in Oberhessen eine Marke … eine Kathedrale der Kinderwünsche.

In der Mäusburg fällt's wieder auf, wie schon in der Löwengasse, in der Plockstraße, im Neuenweg, wie später am Kirchenplatz: Die Innenstadt ist mit den Jahren wohnlicher geworden, einladender, die Gastronomie findet das Sommerhalbjahr über draußen statt.

Nur am **Marktplatz** regt sich – passend zum Ausgangspunkt des Spaziergangs – Unwohlsein. Hatten die Planer und Entscheider beim Auffrischen der Fußgängerzone ein „gutes Händchen", so ging das hier voll daneben. Wir lassen andere zu Wort kommen, zitieren aus einer Polemik des Journalisten Oliver Fritsch, veröffentlicht in der Wochenzeitung „Die Zeit" im September 2014: „Jüngstes Beispiel der Schändlichkeit: An der Bushalte am Marktplatz hat die Stadt Wartehäuschen aufgestellt, die nachts giftgrün und grelllila leuchten, als würden sie eine Achterbahn auf einem Volksfest bewerben. Auch mit Absicht könnte man etwas nicht schlimmer verunstalten. (…) Noch ein Büchner-Zitat: ‚Diese Stadt ist abscheulich.'

Der Kreuzplatz ist die logische Fortsetzung der vom Seltersweg geprägten Fußgängerzone. Im Fokus hier einer der schönsten, da maßstäblich passenden unmittelbaren Nachkriegsbauten der Innenstadt, das frühere Modehaus Imheuser.

Schon treffender." Von Geld wollen wir hier gar nicht reden: Sollen 370.000 Euro gekostet haben, diese vier Teile, von denen eines schon gleich halb zurückgebaut werden musste.

Wir suchen nach einem versöhnlichen Ausklang, steuern den Kirchenplatz an. Dort noch eine Skulptur, den Blick gerichtet aufs Bistro **Türmchen**. Abgebildet ist ein **Schlammbeiser** ... oder ist es Axel Pfeffer, dieser „local hero" Jahrgang 1944, der viele Jahre als Schlammbeiser-Figur in der Fastnachtsbütt stand und Gießen-Spitzen zum Besten gab?

Bei einem anregenden Getränk gelangen wir hinsichtlich der Seltersweg-Betrachtungen zu der Einsicht, dass es eine allgemeinverbindliche Wirklichkeit für einen Autoren nicht gibt. Das haben wir von Schriftsteller Ror Wolf übernommen, der sagte, es zähle vor allem das Erlebte: „Die Realität ist eine Mischung, die im Laufe der Jahre zustande kommt." So ist es: Mit dem Mehr an Jahren kann

Unser Spaziergang endet am Schlammbeiser-Denkmal.

der Ältere hin und wieder andere Bilder sehen als der Nachgeborene.

Ein Gefühl im Spaziergänger stellt unvermittelt die Gottschalk-Frage: Wetten, dass … wir jetzt mit gleicher Muße zurück ans Selterstor gehen könnten, ohne auch nur einen der zuvor angesteuerten Orte doppeln zu müssen? Ja, wir können. Es gibt noch mehr Geschichte und Geschichten. Wir könnten uns der Einzelhandelstopografie in diesem Straßenzug widmen, könnten – anhand des im Stadtarchiv eingesehenen Adressbuches etwa von 1970 – das Gestern mit dem Heute abgleichen. Früher waren etwa in dieser Einkaufsstraße bis zu sechs Foto-Fachgeschäfte (oder -abteilungen): Winterhoff und Stuhlmann, Ruhl und Quelle, Porst und Karstadt plus Foto-Gruhne. Heute dominieren unter anderem die Handy-Läden, die halt – Fotoapparate verkaufen, mit denen man telefonieren kann. Den Durchblick gibt's (fast) frei Haus: Brillenläden begleiten unseren Weg auf Schritt und Tritt.

Wir würden uns den schon wieder schönen Bauten aus den 1950er widmen. Darunter jene, deren Fassaden im Übermaß mit Riemchen gestaltet sind, mit schmalen Kacheln – aus Gießener Produktion! Wir könnten in einem außergewöhnlichen Straßenimbiss einkehren, dessen Besitzer die Innenstadt kennt wie seine Westentasche, weil er dort schon seit seiner Jugend nichts anderes verkauft als etwas Sättigendes für zwischendurch. Besonderheit: Pommes aus dem Zylinder, wie man sie aus Holland und Belgien kennt. Wir könnten erfahren, dass das **Haus der Karten** alles andere ist als ein Kartenhaus. Oder wir sähen Gießen in einer mehrere Quadratmeter großen Ansicht aus dem 19. Jahrhundert; 1985 auf eine Fassade in der Maigasse gemalt von Peter Seharsch aus Lich. Wir erfreuten uns bei der Firma Reinig an einer vertikalen Neonlicht-Werbeanlage aus den Sechzigern, die alle Veränderungen der vergangenen Jahrzehnte überlebte – und so gesehen ebenfalls als „schützenswert" zu gelten hat. Schuhsohlen abgelaufen? Keine Sorge: Mitten in der City gibt's noch einen richtigen Schuster.

Täten wir all dies während des Stadtfestes im Sommer oder während des Weihnachtsmarktes im Winter, es würde zumindest unsere Sicht der Dinge auf den Seltersweg-Faktor Treffpunkt bestätigen. Zudem würden wir beim Bummel rückwärts nach jener hölzernen Rutschbahn im Untergeschoss eines Schuhladens schauen, an der wir schon als Kinder unsere Freude hatten so wie heute unsere Enkel – inklusive Lurchie-Comic-Beigabe: Lange schallt's im Selters noch, Salamander lebe hoch!

Ganz zum Schluss wieder das E-Klo. Einerseits erinnern wir an die 1980er und ein Szene-Wochenblatt gleichen Namens sowie an die erheiternden Aktivitäten des studentischen Micky-Maus-Clubs jener Zeit, andererseits stellen wir beim Blick hinauf in die Frankfurter Straße fest: Beschrankte Bahnübergänge gibt's (fast) nur noch in Gießen – in echt und bei Spielwaren Fuhr im Maßstab 1:87, HO.

Ja, so ist es: Man findet keinen Straßenzug, der den Gießenern eine derart unbedingte Herzensangelegenheit ist. Keine Gegend, die so viele Tapetenwechsel durchlebt hat – erzwungene ebenso wie selbst herbeigeführte. Die sich – selbstverstehend als Einkaufsstraße, als Handelsplatz – derartigen Anforderungen ausgesetzt sieht, wie sie neue „Invests" in der Innenstadt oder (seit Jahrzehnten) die Märkte auf der grünen Wiese respektive im ländlichen Raum ebenso darstellen wie die beschleunigt wachsende virtuelle Konkurrenz im Internet. Und jetzt? Bleibt die Faszination der Straße? Wie wird sie sich ausprägen mit und nach der Pandemie? *Norbert Schmidt*

Gießens neue Fluss-Leidenschaft

Gießens neue Fluss-Leidenschaft

Spätestens als sich am Horizont der Zeit die Landesgartenschau abzeichnete, begannen die Menschen hier, ihr Leben mit und an der Lahn neu zu kultivieren.

Dauer: gut zwei Stunden
Länge: 4,2 km; Abstecher zum Männerbadeverein plus 2,5 km hin und zurück, zur Badenburg rund 10 km hin und zurück
ÖPNV: Bahn-Haltepunkt Oswaldsgarten oder Buslinien mit Halt an Schützenstraße/Pulvermühle sowie Oswaldsgarten oder Mühlstraße

Über das Verhältnis der Gießener zu ihrem Fluss ließe sich lang plaudern. Weder wurde die Siedlung unmittelbar am Fluss begründet, noch schloss ihre mittelalterliche Befestigung das Gewässer mit ein. Zudem hatte der Fluss keine infrastrukturelle Be-

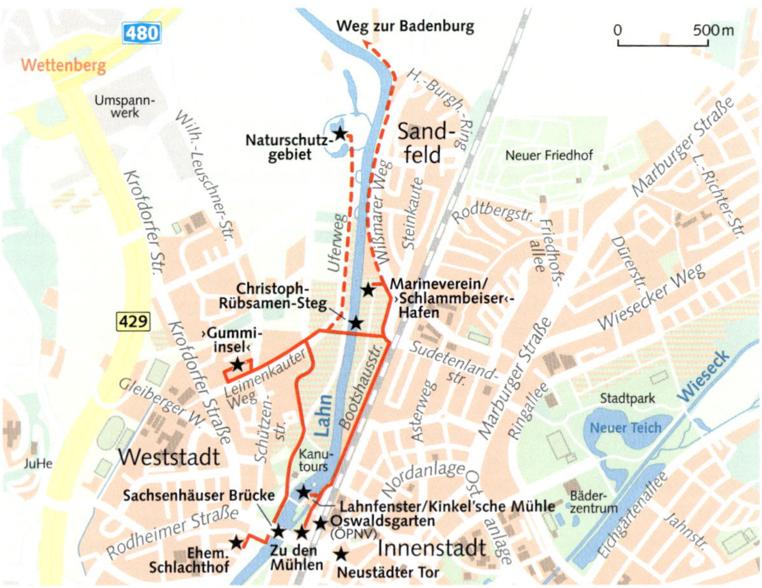

Start zur Tour ist an der Sachsenhäuser Brücke, deren Umfeld ungemein aufgewertet worden ist; etwa durch die Anlage eines großen Kinderspielplatzes. Auch die zeitgenössische Randbebauung sorgt für eine positiv gestimmte Wahrnehmung des Areales.

deutung, etwa als Handels- oder Reiseweg. Als dann Mitte des 19. Jahrhunderts die Main-Weser-Bahn gebaut wurde, war's ganz aus mit der Chance auf eine lebhafte symbiotische Entwicklung: Stadt und Fluss trennte fortan ein hoher Damm. Über Jahrzehnte wurde lieber über „Gießen an der Bahn" gelästert, statt „Gießen an der Lahn" zu kultivieren. Gut, es gab vor über 100 Jahren zwei Flussbadeanstalten, gab Gärten und die „Pulvermühle" als Ausflugslokal. Aber die große Liebe war das nicht. Ganz anders als in der Neuzeit. Der Dornröschenschlaf endete spätestens zu dem Zeitpunkt, an dem die Gießener begannen, sich mit Bewerbung und Planung für die Landesgartenschau 2014 zu beschäftigen. Seit mehr und mehr junge Menschen an warmen Tagen die öffentlichen Flächen am Fluss zu „Chill 'n' Grill" nutzen. Seit die Vereinsheime der traditionsreichen Wassersportclubs von gastronomischen Geheimtipps zu häufig frequentierten Gaststätten mutierten. Seit man – 2008/09 mit dem Bau des Werner-Gleim-Deichs für mehr Hochwasserschutz – damit anfing, den öffentlichen Raum zu weiten, ihn als einen Ort des Müßiggangs zu verstehen, ihm Aufenthaltsqualität zu attestieren – verbunden zudem mit der Anlage eines attraktiven Fußgänger- und Radfahrersteges über den Fluss selbst und einer weiteren Bahn-Unterführung zur Innenstadt hin. Auf einmal war's, als hätten die Gießener mit ihrer neuen Lahn-Leidenschaft eine Prinzessin wachgeküsst.

Etlichem davon werden wir begegnen bei diesem Spaziergang, den wir an den **Mühlengärten** beginnen wollen. Dieses vollkommen neue Areal hat sich binnen kürzester Zeit zu einer lebhaft frequentierten Drehscheibe am Lahnufer entwickelt. Markanter Hingucker ist der 2014/17 mit dem Rücken zur Bahn errichtete **Lahntower**, eine achtstöckige Wohnimmobilie für eine betuchtere Klientel. Rechts davon ein modernes Bürogebäude, links ein Seniorenzentrum für stationäre Pflege und Betreutes Wohnen. (Den Blick stadteinwärts durchs Bahnviadukt, auf die unsägliche Fassade eines 2004/05 gegen viel Widerstand errichteten Einkaufszentrums, lassen wir unkommentiert; wir wollen uns ja mit Freude am Fluss beschäftigen und nicht, nur weil er in Sichtweite liegt, über einen keineswegs allein städtebaulichen Gießen-Sündenfall ärgern. Immerhin erinnert der Name des ebenfalls relativ neuen Bahn-Haltepunkts **Oswaldsgarten** daran, dass es am Eingang zur Innenstadt einmal anders aussah, grüner und, ganz subjektiv, schöner, weil den Proportionen der Stadt entsprechend.)

Zu den Mühlengärten zählt unterhalb der **Sachsenhäuser Brücke** ein 2014 von Gießener Service-Clubs mitfinanzierter **Wasserspielplatz** für Kinder, unter anderem mit Installationen, die gestrandete Boote darstellen sollen, mit Matschzonen und mit Klettergerüsten aus Treibholz. Landschaftsästhetisch anspruchvoll. Der kindlichen Phantasie viel Raum lassend.

Das florale Areal oberhalb der ältesten Gießener Lahnbrücke mit der Holzplanken-Terrasse bis ans Wasser erfreut sich großer Beliebtheit bei jüngeren wie älteren Erholungssuchenden.

Alt und neu ganz nebeneinander: Die umfassend renovierte und ausgebaute Klinkel'sche Mühle, jetzt ein Wohn- und Bürogebäude, und davor das Lahnfenster, an dem man unter anderem die Fischwanderungen beobachten kann.

An einer **Strandbar** vorbei gelangen wir zu einem hoch aufragenden Büro- und Wohngebäude, entstanden um 1990 in der ehemaligen **Klinkel'schen Mühle** (16. bzw. 19. Jh.). Sie war eine von ehedem drei Stadtmühlen und überspannt den Mühlbach. Das Gebäude steht aus städtebaulichen und wirtschaftsgeschichtlichen Gründen unter Denkmalschutz. Besonderheit: Die Eigentümergemeinschaft ließ das alte Wasserkraftwerk erneuern und zudem einen Fischabstieg bauen. Passend zu der 2007 unmittelbar am Wehr installierten Fischtreppe samt Infozentrum **Lahnfenster Hessen**, in dem bislang über 90.000 Besucher zu verzeichnen waren. Echte Bereicherung!

Gleich nebenan gilt unser Interesse der **Gießener Ruder-Gesellschaft** von 1877, die schon immer dort ihr Domizil hat, auf einem von Gründungsinitiator Christoph Rübsamen bereitgestellten Grundstück. **Das Bootshaus** ist eine der ersten Gastro-Adressen junger Gießener für einen gepflegten „Sundowner". Bei einem ebensolchen führen wir uns gleich hier vor Augen, was es mit der wohl traditionsreichsten lokalen Sportveranstaltung auf sich hat, der seit 1882 veranstalteten Gießener (Pfingst-)Regatta. Bei der GRG war die Keimzelle. Später bereicherten der RC Hassia 1906 und der WSV Hellas von 1920 das Angebot, bevor sich GRG und Hellas 1953/54 zum Regatta-Verein zusammenschlossen, um das alljährliche Highlight gemeinsam zu organisieren. Schnell waren auch die Hellas und der Ski- und Kanuclub Mitglieder. Bemerkenswert: Das Rennen der Männer-Achter um den Großherzogs-Wanderpreis wird seit 1893 ausgetragen. Was die Akteure ebenfalls mit Stolz erfüllt: Wegen der Ähnlichkeit der Lahn zum Oberlauf der Themse, so sagen sie, werde die Pfingst-Regatta gern „Deutsches Henley“ genannt.

Mit diesem Wissen im Gepäck ziehen wir entlang der Bootshausstraße nordwärts. Vorbei am erst 2018 für 3,6 Millionen Euro realisierten **Bahndamm-Durchstich**; im Volksmund wegen eines Rechenfehlers der Stadtverwaltung gern Brutto-Netto-Tunnel genannt. Wir schauen aufs auch beim SKC sehr einladende Terrain des Restaurants **Au Lac** am Vereinsheim – und in die Annalen. Der Verein basiert auf der 1948 vollzogenen Fusion des Ski-Clubs „Wandervogel“ (gegr. 1908) mit der Paddler-Gilde, die von 1928 an flussabwärts an der Pulvermühle sowie mit Zeltplatz weiter oberhalb an der Badenburg beheimatet war.

Ans Wasser kommen wir vorerst nicht bei unserem Spaziergang, denn fortan ist dies den Nutzern zahlloser Schrebergärten vorbehalten (von denen es insgesamt auf städtischem Grund um die 550 gibt). Deren Ausprägungen lassen uns schnell darauf schließen, dass hier Stadtmenschen unterschiedlicher sozialer Herkunft seit Generationen Freude haben an einem individuell gestalteten Rückzugsort. Klein. Fein. Mein.

Bevor wir auf dem zur Landesgartenschau eingeweihten Rübsamen-Steg in Verlängerung der Sudetenlandstraße die Lahn überqueren, wollen wir zunächst auf dieselbe: Beim **Marine-Verein** am Wißmarer Weg kann man (per Klick im Internet) Schiffe samt Kapitän chartern. Rund 90 Minuten dauert eine Ausfahrt mit dem in zweiter Auflage fahrenden Klassiker „Schlammbeiser“, dem „Schlammbeiser Royal“, der „Lahnperle“ oder dem Partydampfer namens „Lahnlust“. Übrigens auch dies ein Gießener Traditionsverein, 1892 gegründet im Wirtshaus „Seemannsheim“. Ist zwar keine

Die Lahn in Höhe des Marineverein-Hafens: Dort legen die Ausflugsboote ab und an – und teilen sich das Gewässer mit Anglern ebenso wie mit Wassersportlern.

große Hamburger Hafenrundfahrt, aber immerhin eine lehrreiche und beschauliche Exkursion. Den etwas anderen Blick auf Gießener Details gibt's hinauf bis an die **Wißmarer Lahnbrücke** und runter bis ans **Klinkel'sche Wehr**. Auf Wunsch mit gekühlten Getränken und Imbiss aus den **Marinestuben**. Übrigens: Die Lahn ist das einzige Fließgewässer Deutschlands mit (im Oberlauf) negativ gezählter Flusskilometer-Angabe. In Höhe des Dutenhofener Sees war einmal die Grenze zwischen Preußen und Nassau und dort gilt Kilometer Null bis heute. Flussaufwärts wird rückwärts gezählt, weshalb sich etwa der Stadtkern von Gießen bei Kilometer minus 6 befindet.

Spätestens bei der „Schlammbeiser"-Tour fällt es uns auf: Die auf ihren 242 Kilometern Länge fast komplett befahrbare Lahn ist im Sommerhalbjahr ein überregional frequentierter Kanuwanderweg und damit ein touristisches Pfund: Mit etwa 150.000 Nutzern gilt

Links und rechts der Lahn. Oben in der Mitte die Mühlengärten mit u. a. der Klinkel'schen Mühle, dem Lahnfenster und dem GRG-Bootshaus, im Fokus nach unten hin der Christoph-Rübsamen-Steg, am rechten Bildrand in der Mitte die „Gummiinsel".

die Lahn seit bald 25 Jahren als beliebtester deutscher Kanuwanderfluss! Damit nicht genug, ist Gießen seit 2011 auch an den zertifizierten Lahnwanderweg angebunden. Und unmittelbar durch Gießen führt mittlerweile auch der offizielle **Lahnradweg**, der per anno und auf ganzer Länge von 250.000 Radlern frequentiert wird. Weitere Zahlen gefällig? Mit 800 Millionen Euro bezifferte der Lahntal-Tourismusverband vorvergangenes Jahr die touristisch bedingten Umsätze am Fluss, mit über 10.000 die unmittelbar damit verknüpften Arbeitsverhältnisse.

Radwandern an der Lahn

Was unseren Spaziergang betrifft: Beim Marine-Verein wollen wir umkehren, nicht ohne diesen Hinweis gerade fürs nicht allein historisch interessierte Gießen-Publikum loszuwerden. Ein paar Meter weiter stößt man auf die blitzsaubere und ebenfalls gastronomisch profund bewirtschaftete Anlage des **WSV Hellas** – und von dort aus sind es rund fünf Kilometer bis zur **Badenburg**. Für Weiterwanderer: Der VHC-Markierung mit dem roten Punkt auf weißem Grund folgen, zunächst immer entlang des Felsenweges am Fluss. Wie auf einem Treidelpfad. Zunächst überaus idyllisch. (Empfehlung: Diese Tour zur Badenburg für einen Ausflug mit dem Rad zur Seite legen, dann aber den Radweg an der Wißmarer Straße nutzen.)

Das große Badenburg-Argument ist gewiss die Geschichte des seit 1760 als Wirtshaus genutzten und eigentlich in Wiesecker Gemarkung liegenden Gemäuers, denn dort, so ist es überliefert, trafen sich immer schon Studenten bei Ausflügen oder Gelagen, zu geheimen Treffen und Protestzügen. Darunter 1834 auch ein gewisser Georg Büchner. Der bereits drei Jahre später, mit 23 Jahren verstor-

Wer den Spaziergang ausdehnen will, geht flussaufwärts bis zur Badenburg. Andernfalls empfiehlt sich für diesen Abstecher auch das Fahrrad.

bene Student (Medizin u. a.) und Revolutionär aus dem Südhessischen schrieb hier seine Flugschrift „Der Hessische Landbote“, in der er die unterdrückten Bauern zum Widerstand gegen die Obrigkeit aufrief. Ihr Titel: „Krieg den Palästen, Friede den Hütten“. Offenkundige Revolutionäre trifft man auf der Badenburg nicht mehr an, dafür erfreut sich die urige Gastronomie nach wie vor großen Zuspruchs: Im Ritterkeller bekommt man unter anderem eine „Schippe Dreck“ oder einen Eimer voll „Burgknochen“.

Wir sind zurück von unserem (hier nur anmoderierten) Abstecher, gehen über den nach dem GRG-Gründer benannten Steg. Dreieinhalb Millionen Euro hatten sich Stadt und Land dieses Projekt kosten lassen, das zuvor bereits 100 Jahre ganz oben auf der Gießen-Agenda gestanden hatte. Es verbindet die Erholungsräume links und rechts der Lahn und darüber hinaus zwei Stadtteile, den Gießener Westen mit dem Norden. Kein Wunder, dass die Leser der Gießener Allgemeinen Zeitung bei einer Umfrage Ende 2014 mit großer Mehrheit befanden, dies sei „Das Projekt des Jahres“ gewesen.

Eine der maßgeblichen Landesgartenschau-Investitionen, aufgrund derer die Gießener und deren Gäste ihre Liebe zur Lahn (neu) entdeckten: der Christoph-Rübsamen-Steg zwischen dem nördlichen Teil der Weststadt und der Sudetenlandstraße/Wißmarer Weg.

Auch fürs westliche Lahnufer kann zu einem Abstecher flussaufwärts geraten werden. Am Ende der zahllosen Kleingärten stößt man auf ein weitläufiges Biotop aus zweiter Hand, bestehend aus Flachgewässern und Gräben, die vom Niederschlag respektive bei höherem Wasserstand von der Lahn gespeist werden. Diese „wechselfeuchte Aue“ ist ein ideales Refugium für zahlreiche Tierarten, insbesondere wasserabhängige, oft seltene Vögel. Sehr gut: Infotafeln und ein Aussichtsfernrohr erleichtern gerade dem Laien den Naturgenuss.

Letzte Anlaufstellen hier innerhalb der Gießener Gemarkung könnte die Anlage des 1836 (!) an der Pulvermühle gegründeten

Naturschutz in der Nähe des Männer-Badevereins am Uferweg: Ein Graphoskop erleichtert das Begutachten von Flora und Fauna.

Männer-Bade-Vereins (mit Campingplatz und öffentlicher Gastronomie) sein. Nebenan hat die Bürgervereinigung Gießen Sachsenhausen von 1888 ihr Domizil.

Schluss mit der Abschweiferei? Nicht ganz. Vom Steg aus entfernen wir uns für einen Moment vom Fluss, um einen Blick zu werfen auf das, was – inmitten eines in den letzten Jahrzehnten mächtig mit Wohnbebauung aufgeblähten Stadtteils – geblieben ist von der **Gummiinsel** und **Marokko**. Die Siedlung mit den kleinen Backsteinhäusern nimmt eine Sonderstellung ein in Gießens Sozial-Topografie; nicht nur, weil sie die Heimat des Manischen ist, einer Geheimsprache, die ebenso ausführlich Eingang fand ins Wikipedia-Lexikon wie das Quartier selbst.

Bedienen wir uns dazu einer prominenten Stimme, jener des Schauspielers Till Schweiger, der aus dem benachbarten Heuchelheim stammt und der hier in der Weststadt, auf der Herderschule, sein Abitur machte. In einem Interview mit Christoph Amend, dem

Die sogenannte Gummiinsel ist eine in den 1930er Jahren errichtete Wohnsiedlung für früher nicht sesshafte, meist in prekären Verhältnissen lebende Menschen. Das Weststadt-Viertel steht unter Denkmalschutz.

in Langgöns bei Gießen wurzelnden Chefredakteur des „ZEITmagazins", sagte „Der bewegte Mann" 2015 unter anderem, die Ursprünge lägen in der Zigeunersprache, mit Einflüssen aus dem Jiddischen und Deutschen; gesprochen in Siedlungen, in denen früher das fahrende Volk sesshaft wurde, sogenannten Problembezirken. Schweigers Lieblingsspruch: „Tschü Lowi. Tschü Buijen. Tschü Rackelo." Frei übersetzt: Kein Geld. Kein Sex. Kein Kind. Ob er denn Heimatgefühle bekomme, wenn er Manisch höre, wollte Amend wissen: „Ja klar, sofort, das gilt für die hessischen Dialekte allgemein. Die Hessen haben auch einen besonderen Humor (…) mit Hessen kannst du immer viel lachen: ‚Latschi' heißt das im Manischen."

Mehr von Schweiger und Gießen? Netz und Archive sind voll davon. An dieser Stelle nur noch ein Satz aus dem Interview: „Gießen hat mich zu dem gemacht, der ich heute bin."

Die Lahn ist nicht allein bevorzugter Wasserwanderweg von Kanuten, sondern auch ein beliebter Spiel- und Sportplatz.

Wir müssen zurück an den Fluss, nehmen allerdings für ein paar Meter den Weg auf dem **Werner-Gleim-Deich**, bevor wir, vorbei an der **Kleingartensiedlung „Lahntal"**, wieder an den Fluss gelangen. Auffallend, dass an immer mehr Stellen der Gang ans Wasser möglich ist. Etwa seit der Jahrtausendwende arbeitet die Stadt systematisch daran, die Lahn zugänglich zu machen. Manchmal häppchenweise, aber konsequent. Immer wenn ein Pachtvertrag mit ihr ausläuft oder wenn Grundstücke zum Verkauf stehen.

Unser Spaziergang ist bald zu Ende. Ein Beweggrund zur Einkehr bei der **Hassia**, wo Gutbürgerliches aus hiesigen Landen die Speisenkarte dominiert: Man sitzt bei schönem Wetter auf einer Freiterrasse im Obergeschoss, kann den Sportbetrieb auf und am Fluss beobachten. Bei **Lahntours** nebenan lassen sich sowohl Tretboote als auch ganze Kanus für längere Fahrten mieten. Wieder einen Steinwurf entfernt baut derzeit (Sommer 2020) die DLRG ihr im Januar 2017 komplett ausgebranntes Vereinsheim wieder auf, das seiner-

Dieser metallene Fisch weist auf ein angesagtes Restaurant am Fluss hin; dahinter das Gemäuer des ehemaligen Schlachthofs.

zeit ein florierendes Restaurant mit griechischer Küche beherbergte. Ein Schmuckstück soll's werden, zum Preis von 3,25 Millionen Euro und wie ein Ozeandampfer anmutend, und auch der neue Pächter werde wohl ein Hellene sein, hieß es bei der Grundsteinlegung.

Mit „Gießen is(s)t an der Lahn" machen wir jenseits der Sachsenhäuser Brücke weiter, wo ein neues **Knossos in der Pulvermühle** gebaut wird, dessen Eröffnung zeitlich mit der Drucklegung dieses Büchleins zusammenfallen könnte, im Frühjahr 2021. Jedenfalls wollen Gastronom Petros Kamargiannis und seine Geschäftspartnerin Christiane Roth einen architektonischen Akzent setzen; „leicht mediterran", zweigeschossig, ebenfalls mit Terrasse, der dem gewohnt hohen kulinarischen Anspruch des schon lang an diesem Traditionsplatz ansässigen Hauses gerecht wird. Bis zum Einzug behilft man sich mit einer noblen Zeltlösung.

Zum Abschluss lassen wir uns auf der Terrasse des **Gegenüber** nieder, einer hippen Strandbar. Schauen einerseits auf die Lahn und andererseits auf den von privat für einen zweistelligen Millionen-Betrag aufwändig und mit viel Sinn für zeitgenössische Industriekultur umgestalteten **ehemaligen Schlachthof** aus 1908/13. „Instagram-tauglicher Coworking Space, der nicht nur den Jungen

Wilden ermöglicht, ihren Ideen freien Raum zu lassen, trifft auf Szenebar", beschrieb Autorin Lisa Hartmann diesen unter Denkmalschutz stehenden neuen Gießen-Ort für das Netz-Portal „Frankfurt du bist so wunderbar". Dazwischen eine Boutique für Brautmode, Loftwohnungen und angrenzend etliche Neubauten. Und dann, das Herzstück, im früheren Maschinenraum mit den hohen Decken, eine Bar namens **Who Killed The Pig**. Der Schlachter eben. Wer sonst?

Was bleibt? Mindestens die erfreuliche Erkenntnis, dass Gießen auch und gerade an der Lahn viel besser ist als sein Ruf. Man muss sie eben nur aufsuchen und kultivieren, diese Spielorte einer neuen Fluss-Leidenschaft, die der Geselligkeit ebenso Raum lassen wie der Ruhe, der Erholung. Muss sie ins öffentliche Bewusstsein holen. Gewiss ließe sich der Freizeit- und Erholungswert durch Sozialisieren weiterer Flächen unmittelbar am Gewässer steigern. Nur braucht's im Moment wohl, über den Bestand hinaus, kein weiteres „Wirtshaus an der Lahn".

Den Soundtrack zum Ausklang des Spaziergangs lassen wir Konstantin Wecker beisteuern mit seinem „Liebeslied in altem Stil" (1993): *Komm, mein Lieb, wir lassen uns den Fluss hinuntertreiben, / keiner weiß, wohin das Ganze führt. / Ganz egal, wie wir hernach zusammenbleiben, / Hauptsache, wir haben uns gespürt.*

Norbert Schmidt

LAHNFENSTER – AM KLINKEL'SCHEN WEHR · via Bootshausstraße. Öffnungszeiten und Angebote sowie erklärende Berichte auf https://rp-giessen.hessen.de/umwelt-natur/landwirtschaft-fischerei/lahnfenster-hessen

MARINEVEREIN – BOOTSFAHRTEN AUF DER LAHN · in der Regel ab Ende April bis Ende Oktober (Die „Lahnlust" kann ganzjährig gebucht werden). Kontakt: www.marineverein-giessen.de/unsere-boote.html

KANU- UND TRETBOOTVERLEIH - KANUTOURS GIESSEN
Uferweg 8 · Tel. 0641 – 9303636 · www.kanutours-giessen.com

Überraschende Einblicke

Überraschende Einblicke

Erst von der „Poart“ aus durch Alt-Wieseck, dann über den grünen Rodtberg und weiter in die Innenstadt – Unterwegs Begegnungen mit Polit-Prominenz.

Dauer: gut eineinhalb Stunden
Länge: 5,4 km
ÖPNV: mit Linie 5 bis Haltestelle „Friedhof Wieseck“

Alteingesessene Wiesecker lächeln gern ein wenig, wenn vom Alter der Stadt Gießen und seiner Entstehung rund um den heutigen Kirchenplatz die Rede ist. Denn sie wissen natürlich, dass ihr Wohnort ein paar Jahrhunderte mehr auf dem Buckel hat. Gießen konnte 1997 sein 800-jähriges Bestehen feiern, Wieseck hingegen bereits 1975 seine Ersterwähnung vor 1.200 Jahren. Wenn man so will, das sei einmal kühn behauptet, dann ist das einstige

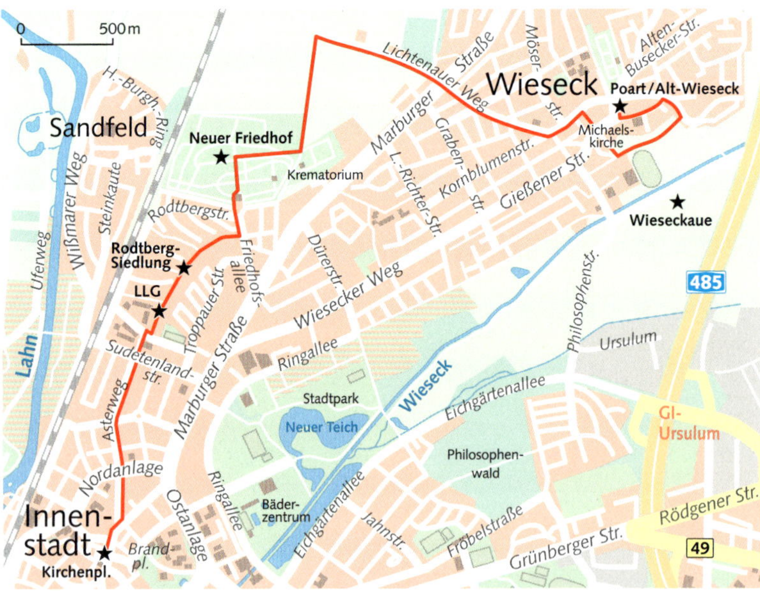

Wisichheim die Keimzelle der später entstandenen Stadt, die sich 1939 das Dorf Wieseck einverleibt hat, das damals größte Dorf in Oberhessen.

Wer weit in die Gießener Geschichte zurückschauen möchte, kann das folglich am besten im ältesten Stadtteil tun. Unser Spaziergang beginnt an der Pforte, **„de Poart“**, dem Wahrzeichen des Stadtteils. Der massiv gebaute Torturm mit Schießscharten in Richtung Norden wurde um 1400 erbaut und ist der letzte Rest der Wehranlage des Dorfes, die vor feindlichen Überfällen schützen sollte. Augenzwinkernd sei's angemerkt: Im Gegensatz zu Gießen, wo es keines der alten Stadttore mehr gibt, hat man zumindest diesbezüglich einen Sinn für historische Bauten.

Man mag es kaum glauben, doch noch bis 1974 floss der Verkehr in der Alten-Busecker Straße durch das enge Tor. Die Einspurigkeit der Straße verursachte tagtäglich Rückstaus in den Stoßzeiten – was dem Autor als damals Einheimischem noch anschaulich in Erinnerung ist. Erst der Abriss von maroden Nachbarhäusern ermöglichte die heutige Gestaltung mit zweispuriger Fahrbahn und kleiner Grünanlage, auf der bis vor wenigen Jahren alljährlich das „Poartfest“ der örtlichen Volkstanzgruppe gefeiert wurde.

Ausgangspunkt unserer Tour ist die „Poart“ in Wieseck.

Vom Torturm aus begeben wir uns ins alte Wieseck. In der dicht bebauten Kirchstraße sind, dank öffentlicher Förderung, an vielen Gebäuden die ursprünglichen Fachwerk-Fassaden wieder sichtbar geworden. Nett zu lesen ist hier die Geschichte vom Wiesecker Storch, die im Vorgarten der Familie mit dem Dorfnamen „Hulitze“ (Hausnummer 14) erzählt wird. Gegenüber steht seit etwa 1280 auf einer kleinen Anhöhe die **Dorfkirche**, die Ende des 15. Jahrhunderts auf ihr heutiges Erscheinungsbild vergrößert wurde. Sie ist von einer Mauereinfriedung umgeben, die einst ebenfalls der Verteidigung diente. Zugegeben: Ein Schmuckstück ihrer Zunft ist die innen schlicht gestaltete Kirche aus Lung- und Sandstein nicht. Aber der Turm mit seinem dreigeschossigen Helm ist weithin sichtbar und deshalb ebenfalls ein Wahrzeichen Wiesecks. Das dritte ist übrigens der Turm des einstigen Gießener Brauhauses, der die „Skyline“ der Stadt überragt, allerdings in Alt-Wieseck unsichtbar bleibt.

Weiter unten empfehlen sich ein paar Schritte nach rechts in die Sackgassen (Backhausstraße, Nebenweg Kirchstraße, Ermelgasse, Ecke). Man kann sich gut vorstellen, wie die Menschen in ihren schmalen Häusern, die zum Teil lückenlos aneinandergereiht sind, und den Scheunen dazwischen gelebt haben. So kommen wir zur **Steinernen Brücke**, folgen ihr nach rechts und verlassen sie vor dem Rotklinker-Wohnhaus nach rechts wieder auf den Weg zwischen Haus- und Kleingärten.

Wenig später könnten wir die unspektakulären **Sportstätten** links liegen lassen, halten dann aber doch kurz inne: Hier, bei der TSG, wird seit einigen Jahren konzeptionell in der Organisation und sehr erfolgreich auf dem Platz Jugend-Fußball gespielt. Etliche Talente haben hier große Schritte gemacht auf dem Weg zu ihrer spielerischen Reife, darunter Jungnationalspieler Luca Waldschmidt. Dass das Gelände zudem Heimstatt erfolgreicher Leichtathleten ist, könnte eine ehemalige Hessenmeisterin erzählen, die mittlerweile an der Gießener Straße in Wieseck alpenländischer Mode frönt und – „urig, gemütlich, frech“ – **Siggi's Skandaltrachten** feilbietet.

Der Laden liegt allerdings nicht an unserem Weg. Wir gehen vom Pfad, der in Höhe Festplatz gegenüber einem einzelnen Sperrpfosten

Im alten Ortskern findet man eine Reihe fein herausgeputzter Fachwerkhäuser. Wie überhaupt dieser Spaziergang etliche lauschige Wieseck-Winkel vor Augen führt, die man zumindest vom Auto aus kaum entdecken kann.

beginnt, wieder in den alten Ortskern hinein. Bis die Einmündung der Brunnengasse erreicht ist, die quasi historische Bedeutung hat. Denn dort lebte der amtierende Bundespräsident Walter Steinmeier als Student einige Jahre in einer Wohngemeinschaft. Gegenüber beginnt die ebenfalls eng bebaute Eichgasse, die mit ihren Kurven und der Steigung an ein Bergdorf erinnert.

Kurz hinter dem **Albert-Osswald-Platz**, der an den ehemaligen Gießener Oberbürgermeister und hessischen Ministerpräsidenten mit Geburts- und Heimatort Wieseck erinnert, fällt am Lichtenauer Weg ein großes Jugendstil-Gebäude ins Auge, die **Weiße Schule**. Diese Grundschule entstand 1905/1906 und ist aufgrund des Bevölkerungswachstums im Lauf der Jahrzehnte im rückwärtigen Teil mehrfach erweitert worden, zuletzt 2019.

Ein Stück weiter oben wird man an einen Peter-Alexander-Ohrwurm erinnert. Denn hier befindet sich mit der urigen Gaststätte **Lichtenau** tatsächlich „Die kleine Kneipe in unserer Straße…“. „Bellofs Fried“, wie sie im Dorf heißt, ist das älteste Wiesecker Wirtshaus

Die Wiesecker sind ein geselliges Völkchen. Schon in vierter Generation betreibt Andreas Bellof (Mitte) die Wiesecker Gaststätte Lichtenau.

und sieht fast immer noch so aus wie 1927 bei der Eröffnung: Kleine Theke, Hauptraum mit vier Tischen, Nebenraum mit zwölf Sitzplätzen. Es gibt nichts zu essen und zwei Sorten Bier vom Fass. Mehrere Wiesecker Burschenschaften und der „Sparverein Gaststätte Lichtenau" tagen hier. Fremde müssen sich einen Besuch gut überlegen: 80 Prozent der Stammgäste sind Raucher.

Bevor wir Wieseck gänzlich den Rücken kehren, rufen wir uns den (zwielichtigen) Ruf der stolzen Dörfler in Erinnerung: (Junge) Wiesecker (Männer) gelten sprichwörtlich als gewaltbereit! Das geht zurück auf eine Schlägerei, die Wiesecker Burschenschafter in den 1950er Jahren bei einer Kirmes im Kreisgebiet angezettelt hatten. Dabei wurde ein Beteiligter durch einen Messerstich verletzt. Seitdem stellten sich, so der Volksmund, „Wissicher" gern selbstironisch warnend vor: „Äch saij von Wissich, äch ste'ache! Schú zwölf Auer – unn'och kaa Bloud gesee: Me'ässer raus!" Alles gewiss nur Folklore, schmunzelnd abzurufende Erinnerung. Immerhin reichte es bei den Oberhessen-Mundartmusikern von „Fäägmeel" (mit vieltausendfach verkauften Tonträgern) zum „Wissicher Steächer"-Tango. Wer ihn nicht kennt: Bei „YouTube" ist er zu hören. Besser als mit dem Messerstecher-Stigma können die Alteingesessenen mit dem Spottnamen „Saandbeul" leben. Der geht zurück auf den feinen Sand, der früher in mehreren Gruben im Gemarkungsgebiet am Ursulum abgebaut wurde.

Mit dem Lichtenauer Weg geht es über die frühere Bundesstraße 3 ein Stück weit hinaus in die Feldgemarkung. Sogleich eröffnet sich ein weiter Blick über die Lahnniederung, erst auf den **Dünsberg**, dann auch auf **Gleiberg** und **Vetzberg**. Wir genießen das lan-

Auch schon weit über 100 Jahre alt und mehr als nur eine Ruhestätte für Verstorbene: der Friedhof auf dem Rodtberg.

ge, bis wir an einem leichten Rechtsknick der Straße (mit Wendeschleife) nach links auf den Feldweg abbiegen. Der Schornstein des Krematoriums geleitet uns, sozusagen durch die Hintertür, auf den 1903 eröffneten **Friedhof Rodtberg**. Der hieß früher Neuer Friedhof, um seine Nachfolge für den Alten Friedhof an der Licher Straße zu verdeutlichen. Im Volksmund hält sich die ursprüngliche Bezeichnung bis heute.

Die stolze 23 Hektar große und parkähnliche Anlage ist nicht allein im Sommer bei Spaziergängern beliebt. Über die Länge eines Spaziergangs durch die große kommunale Begräbnisstätte mag jeder selbst entscheiden. Das ist Stimmungssache. Der Hauptweg führt vorbei an Ehrenfeldern für deutsche und russische Soldaten; es gibt ein Gräberfeld für die Opfer der Luftangriffe auf Gießen, einen jüdischen Teil mit eigener Leichen- und Trauerhalle und ein muslimisches Gräberfeld. Dazu kommen Denkmale wie das für die Holocaust-Opfer aus Gießen. Zu entdecken sind zudem einige sehenswerte Grabmale, darunter die Urnenwand der Industriellenfamilie Bänninger oder eine Blumen streuende Frauenfigur auf der Ruhestätte des Botanikers Adolf Hansen. Ebenfalls auf dem Rodtberg begraben ist Toni Hämmerle. Der (mit einem „Gießener Kopf" in der Stephanstraße vor dem Vergessen geehrte) ehemalige Telefonist der Justus-Liebig-Universität ist der Komponist des legendären Karnevalschlagers „Humba Tätärä". Nicht zu vergessen Stefan Bellof (†1985), der schnellste deutsche Rennfahrer der 1980er Jahre.

Die Orientierung auf dem Neuen Friedhof ist zum Glück einfach: Unser Ziel sind die Haupteingänge beiderseits der großen Trauer- und Leichenhalle, die auf der höchsten Stelle des Friedhofs steht, dem 188 Meter hohen Rodtberg. Lohnend ist vor dem Verlassen ein Blick in den Innenhof mit den Gruftarkaden und dem Eingang zur Trauer- und Leichenhalle. Der vom heimischen Lungstein geprägten Gebäudekomplex sieht durch seine architektonischen Details fast kirchlich aus. Früher war im vorderen Bereich zur Straße die Wohnung des Friedhofwärters untergebracht, heute dienen die Räume der Verwaltung.

Auch Kaninchen fühlen sich übrigens auf dem Friedhof wohl. Und weil dem so ist, wird die gesamte Anlage gelegentlich zum Jagdrevier. Dann kommen Falkner mit ihren Vögeln, um die Population der Langohren zu dezimieren.

Kurz nach der Einmündung Dahlienweg biegen wir nach rechts ab auf einen zunächst unbeschilderten Pfad, den jeder im Nordviertel als Roten Weg kennt. Auf ihm durchqueren wir mit leichtem Gefälle das ungewöhnlich ausgedehnte und vor allem im Sommerhalbjahr satt durchgrünte Wohnquartier, das in den 1960er Jahren auf dem zuvor landwirtschaftlich (!) genutzten Südhang des **Rodtbergs** zwischen Sudetenlandstraße und Friedhofsallee mit sehr viel Weitblick geplant und errichtet wurde.

Im Westteil das Blumenviertel mit bungalowartigen Ein- und Zweifamilienhäusern im oberen und den Ketten mit 180 Reihenhäusern im unteren Teil, östlich des Weges knapp drei Dutzend viergeschossiger Mietshäuser. Im unteren Teil der Troppauer Straße fanden anfangs viele Soldaten eine Heimat, links die von der

Satt durchgrünt und großzügig angelegt ist das vor rund 60 Jahren konzipierte (und zu Beginn dieses Kapitels aus der Luft abgebildete) Wohngebiet zwischen Sudetenlandstraße und Rodtberg-Friedhof.

Bundeswehr und rechts die der US Army. Insgesamt städtebaulich bis in die Gegenwart hinein eine Art Vorzeigeprojekt, das an seiner (durchaus auch aus dem Kontrast erwachsenden) Faszination nichts eingebüßt hat.

Am unteren Ende des Quartiers stoßen wir auf den sozialen Mittelpunkt der Nordstadt mit Bildungszentrum, Jugendzentrum, Nordstadtzentrum, Spiel- und Sportanlagen, Supermarkt und Alevitischem Kulturzentrum. Dazu kommen das **Landgraf-Ludwigs-Gymnasium**, an dem in den 1940er Jahren – damals noch in der Innenstadt, an der Südanlage – zwei später prominente Gießener ihr Abitur gebaut haben: Die ungleichen Brüder Hans-Jochen Vogel (SPD, OB München, Bundesjustizminister) und Bernhard Vogel (Ministerpräsident Rheinland-Pfalz und Thüringen). LLG-Abiturient ist zudem der langjährige hessische SPD-Politiker Thorsten Schäfer-Gümbel, der seine Jugend ganz in der Nähe verbracht hat. Jenseits der Straße die **Georg-Büchner-Schule**, die 2007 aus der Schillerstraße an die Egerländer Straße zurückgekehrt war, gegenüber davon die **Pauluskirche**.

Sudetenlandstraße unweit der Kreuzung mit dem Asterweg; rechts die Georg-Büchner-Schule mit (im Hintergrund) dem Landgraf-Ludwigs-Gymnasium.

Mit dem Asterweg durchqueren wir das Flussstraßenviertel, dessen überwiegend dreistöckige und uniforme Wohnblocks zwischen 1938 und 1955 entstanden sind und das früher als sozialer Brennpunkt galt. Lebensmittel wurden in den fünfziger und sechziger Jahren im genossenschaftlich organisierten „Konsum" an der Ecke Asterweg/Sudetenlandstraße gekauft; heute ist dort ein Orthopädie-Betrieb ansässig. Ein Stück weiter stadteinwärts wurde bis in die neunziger Jahre ein Kiosk betrieben, der gleichermaßen der Nahversorgung der Nachbarschaft und als Treffpunkt diente. Sein einstiges Domizil zwischen den Hausnummern 53 und 55 beherbergt inzwischen einen Barbershop. War eben alles kleinteiliger damals.

Beim Warten an der Ampel vor dem Überqueren der Nordanlage fällt der Blick auf die unschuldig wirkende Grünanlage links des Asterwegs, auf der neben der Stromstation jahrzehntelang ein Kiosk stand, der zuletzt als Alkoholiker-Treffpunkt einen zweifelhaften Ruf hatte. Im Sommer 2002 ereignete sich dort sogar eine Bluttat: Ein 50-jähriger Gießener wurde bei einem Gelage im Streit mit einem Genickschuss regelrecht hingerichtet; der Täter war schnell festgenommen und wurde später wegen Totschlags zu zwölf Jahren Haft verurteilt. Danach untersagte die Stadt den Verkauf von Alkohol. 2014 gab der Pächter auf, ein Jahr später wurde das Budchen ersatzlos abgerissen.

Am Ende des Asterwegs befinden wir uns im **Dönerdreieck** mit mehreren einschlägigen Imbissbetrieben. Darüber wacht der Turm des **Gewerkschaftshauses** im spitzen Winkel von Walltorstraße und Asterweg, mit seinen Fensterbändern und Rasterung, ähnlich dem Imhäuser-Gebäude am Kreuzplatz, ein markantes Beispiel für die noch relativ maßvolle Architektur der Fünfziger.

Ein paar Schritte weiter stehen wir auf dem **Kirchenplatz**. Und damit an der echten Keimzelle Gießens. Wer sich von dem langen Spaziergang erholen will, findet genug Anlaufstellen drinnen und draußen: **Restaurant Schloßkeller, Pizzeria Roma, Chinese Kim Phat, Café Türmchen** und die **Eiscafés**.

Stadtspaziergängers Herz, was willst Du mehr?

Ob's aufgefallen ist? Diese eigentlich unspektakuläre Tour bietet überraschende Einblicke und nicht minder unerwartete Einsichten. Wieseck kann richtig bezaubernd erscheinen, fast schon charmant. Ist keine Vorstadt. Der „Stecher" nur (noch) Legende. Die Überraschung ergibt sich auch aus der Wegführung: Autofahrend hat man das meiste so noch nicht gesehen – nicht in der Gegend um die Pforte, nicht am Rodtberg, nicht beim Gang durch die Nordstadt.

Guido Tamme

HEIMATMUSEUM WIESECK – Wer mehr vom Wieseck sehen und lesen will, kann das dort tun, wo der rührige Heimatverein 2014 im ehemaligen Saalbau Schepers (Philosophenstraße 18/20) ein Museum eröffnete. Jeden dritten Sonntag im Monat, 14 und 17 Uhr.

FRIEDHOF RODTBERG – Geführte Besichtigungen unter dem Motto „Stadtgeschichte(n) über Gräbern" bietet die Tourist-Information Gießen regelmäßig an. Terminanfrage über tourist@giessen.de oder Tel. 0641-3061890.

NORDSTADT-NOSTALGIE vermittelt Gerd Steines' autobiografisch geprägter Kriminalroman „Seemannsköpper" (2008, Verlag Prolibris). Der 1947 geborene Journalist und Kolumnist (www.anstoss-gw.de), ehedem stellvertretender Chefredakteur der Gießener Allgemeinen Zeitung, ist in diesem über Jahrzehnte weniger gut beleumundeten Stadtviertel aufgewachsen.

Der Schiffenberg: Multifunktionaler Hausberg

Der Schiffenberg: Multifunktionaler Hausberg

Ein Spaziergang auf den Schiffenberg ist in vielerlei Hinsicht ein Erlebnis – Fluchtpunkt auch für Ausdauersportler und schwindelfreie Abenteurer.

Dauer: gut zweieinhalb Stunden
Länge: knapp 8 Kilometer, plus Abstecher zum Georgstempel und in den Forstgarten (zus. 700 Meter). 120 Höhenmeter; Wege nicht immer eben, zudem Treppen
ÖPNV: Stadtbus-Linie 6. Sonn- und Feiertage mittags bis früher Abend (Haltstelle Rathenaustraße)

Fragt man Gießener danach, wo sie gemeinhin Ruhe und Entspannung suchen in natürlich anmutender Umgebung, wo sie spazierend Abstand finden vom Alltag, reichen die Antworten von Lahn bis Stadtpark Wieseckaue, von Hangelstein bis Bergwerkswald. Die

gefühlt meisten Nennungen aber entfallen auf den Schiffenberg. Das ist jene bewaldete Erhebung im Südosten der Stadt, die – da bei Menschen aller Generationen gleichermaßen bekannt und beliebt – als Hausberg der Stadt firmiert. Buchstäblich herausragender Fluchtpunkt auf etwa 280 Metern Höhe ist in den meisten Fällen ein früheres Kloster, dessen Gründung einer Stiftung der Gleiberger Gräfin Clementia zu Gleiberg aus dem Jahr 1129 zu verdanken ist.

Unseren Spaziergang dorthin wollen wir an der Stadtbus-Haltestelle Rathenaustraße beginnen, die von der Linie 10 und den 800er Linien angefahren wird. Entlang des Weges beschreiben wir zudem den Einstieg in die Tour an einem Pkw-Waldparkplatz. Der Vollständigkeit halber sei erwähnt, dass man mit dem eigenen Auto (außer bei größeren Veranstaltungen) sowie an Sonn- und Feiertagen mit der SWG-Linie 6 auch ohne körperliche Anstrengungen auf den Berg gelangen kann.

Wir gehen zunächst auf dem vom **Nahrungsberg** her kommenden Alten Steinbacher Weg, der am nördlich von Uni-Gästehaus und **Audimax** (derzeit Großbaustelle für „Campus der Zukunft“) waldwärts führt und unterm Gießener Ring hindurch. Ein Blick auf das Wegenetz, angeschlagen auf einer großformatigen Tafel, zeigt uns, dass wir es auf dieser Seite des Berges mit einer waldwirtschaftlichen Kulturlandschaft zu tun haben: Schnurgerade sind die Trassen angelegt. Just an dieser großen Tafel führt rechts weg eine Schneise südwärts, bis fast an die Landesstraße nach Pohlheim. Dort findet sich der erwähnte **Pkw-Waldparkplatz**.

Der **Schiffenberg-Wald** ist ein Kapitel für sich, das so vielerorts geschrieben wird, wo Forst und Siedlungsraum nah beieinander liegen. Unterschiedlich sind die Anforderungen von Mensch und Natur, die Nutzungsinteressen. Die städtische Waldwirtschaft muss deren Einklang sicherstellen. Der Wald ist Naherholungsgebiet und Rohstoff- wie Brennstofflieferant, ist Lebensraum für Flora und Fauna und zudem Wasserreservoir und Frischluftspender. Er braucht Nachhaltigkeit. Nicht alles lässt sich dabei planen und regulieren – schon gar nicht angesichts externer Faktoren. Links und rechts unseres Weges sehen wir, was trockene Sommer und/oder heftige Stür-

Ist zu jeder Jahreszeit ein Abstecher wert: der Akademische Forstgarten, der auf der von uns ausgewählten Route rechter Hand des Aufstiegs liegt und wegen eines Hinweisschildes nicht übersehen werden kann.

me anrichten können. Die Forstleute sehen sich nur allzu oft in der Rolle der Katastrophenmanager.

Dabei hat der profunde, wissenschaftlich basierte Waldbau hier in Gießen, wie wir schnell sehen werden, eine außergewöhnlich lange, bis in die 1820er Jahre reichende Tradition. Ein großes Namensschild rechts des Weges ist nicht zu übersehen: **Akademischer Forstgarten**. Die Türen sind offen, der Zaun weithin verrottet. Wir sehen uns kurz um in diesem ehemaligen Lehr- und Versuchsgarten des weltweit ältesten, mittlerweile aber aufgelassenen Universitätsforstinstituts. Ende des 19. Jahrhunderts erstreckte sich der Forstgarten auf einer Fläche von fast sieben Hektar. Ein Ort der Natur-Bildung ist er geblieben, wie wir auf einem Aushang im „offen Klassenzimmer“ neben den Forstgebäuden lesen, der sogenannten Kaffeehalle. Selbst Geburtstage und Betriebsfeste könne man dort feiern, heißt es.

Gleich gegenüber geht es überraschend lebhaft zu: Dort befindet sich seit 2014 Gießens erster **Waldkindergarten**. Was wir da

Überraschende Begegnungen kann der Spaziergänger gleich gegenüber des Forstgartens erleben. Dort ist der erste Wald-Kindergarten der Stadt angesiedelt. Zum Schutz der Kleinen verzichten wir allerdings auf eine Abbildung mit ihnen.

alles sehen: Ein Waldwohnzimmer mit Bücherei, einen Schnitz- und Werkplatz, ein Hochbeet, ein Insektenhotel und einen „Ritualkreis", daneben auch einen Froschpfad. Unten eine kleine Blockhütte, weiter oben ein Bauwagen. Die Phantasie eines Erwachsenen legt diese Folgerung nahe: So oder nicht viel anders muss das bei Schneewittchen und den sieben Zwergen gewesen sein. Aber ob die auch schon eine Waldküche hatten und eine Waldapotheke, ein Gästebuch und eine Fotowand? Zwei Kindergruppen sind es mittlerweile, die dort Zuwendung erfahren und Obhut, die im Wald spielend fürs Leben lernen. Der Zuspruch ist ungebrochen hoch. Die Akzeptanz im Umfeld auch: Noch nix demoliert. Unser Kommentar: Einfach bezaubernd, anrührend.

Ein paar Meter weiter, bei zunehmendem Anstieg, begegnen wir vermehrt verwegenen Radfahrern. Auf einem Hinweisschild folgt die Erklärung dafür: Hier endet die öffentliche Moutainbike-Strecke mit ihren drei verschiedenen Schwierigkeitsgraden. Auch das eben ein Schiffenberg-Erholungsfaktor, wie überhaupt viele sportlich Aktive unterwegs sind am Hausberg, darunter gefühlt Unmengen an Joggern und Walkern. Daneben dann eben die große Mehrheit, die Spazierenden, die Wald-Flaneure. Jung und Alt. Männlein und Weiblein. Mit und ohne Hund. Nur zum gegenwärtig modischen Waldbaden taugt die Gegend weniger; wer einen Gießener Forst bewusst sinnlich genießen will, der geht besser auf den Hangelstein bei Wieseck.

Langsam haben wir's geschafft, stehen alsbald unterhalb der Klostermauern, hinter denen dereinst die Komturei war – und nach Durchschreiten einer Pforte sofort mitten im **Klosterhof**. Der **Schiffenberg** ist älter als die Stadt – und, wie diese, existenziell einer Initiative der benachbarten Gleiberger zu verdanken. Begonnen hat's um 1100 mit einer Schenkung von Gräfin Clementia ans Erzbistum Trier zur Anlage eines Augustiner-Chorherrenstifts. Aus den Anfangsjahren rührt bis heute die Basilika. Von 1323 an bis zu Beginn des 19. Jahrhunderts war der Schiffenberg eine Deutschordens-Kommende. In diese Zeit fiel der weitere Ausbau mit – neben kirch-

Gesamtansicht der Klosteranlage, die älter als die Stadt und ebenfalls eine, wenn man so will, Gleiberger Gründung ist. Quer im Bild die Basilika, links die Wirtschafts- und Gastronomiegebäude.

lichen Aufgaben – zunehmender landwirtschaftlicher Nutzung des Anwesens. Nach einem neuerlichen Besitzerwechsel wurde eine wesentliche Veränderung eingeläutet, deren Bedeutung bis in die Gegenwart Bestand hat: Kloster Schiffenberg entwickelte sich von etwa 1840 an zum – wir stellen's mal so in den Raum – beliebtesten Gießen-Ausflugsziel mit Gastronomie. Sehr anschaulich beschrieben wird der gesamte historische Werdegang in einer erst Anfang 2020 im Verlag Schnell & Steiner erschienenen kunst- und kulturhistorischen Broschüre.

Landwirtschaft ist lang nicht mehr dort oben. Das Gasthaus mit dem bald 300 Jahre alten Ziehbrunnen davor hingegen zählt zu den schönsten im Gießener Land. Die romanische **Basilika**, ein Denkmal von nationaler Bedeutung, wurde in den 2010er Jahren umfassend saniert. Auffallend die Verglasung der Arkaden zum Klosterhof hin. Unter den alten Kastanien oder auch in der Basilika finden immer wieder Konzerte statt, darunter solche mit bis zu vierstellig zu beziffernden Besucherzahlen („Musikalischer Sommer" u. a.), bisweilen auch Themenmärkte. Bevor wir das 280 Meter hoch gele-

Die Kunstgalerie auf dem Schiffenberg – auch ein Argument, mal wieder auf den Hausberg zu gehen.

gene und seit 1972 der Stadt gehörende Areal verlassen, schauen wir noch in den früheren Pferdestall – in die **Galerie auf dem Schiffenberg**. Rudolf Lotz hält unter anderem Kunstwerke von Horst Janssen und Armin Müller-Stahl vor, von Bruno Bruni und Bodo W. Klös, einem heimischen Meister der Radiernadel.

Unmittelbar hinter dem Eselstor passieren wir Ausgrabungen, die eine vorklösterliche Besiedlung des Schiffenbergs belegen, und schlendern oberhalb des Parkplatzes ostwärts. Grillhütten, anzumieten bei der Stadtverwaltung, zeigen uns eine weitere Nutzungsvariante auf, bevor wir wieder unters Laubdach des Waldes gelangen – zur nächsten Attraktion, dem sogenannten **Kletterwald**. Unter anderem warten zwei extrem lange Seilrutschen (300 und 460 m) auf die wagemutigen Höhensportler. Wer den „schwarzen Parcours" bis auf 20 Meter Höhe durchklettert, für den gibt's als Belohnung einen 460 Meter langen „Flug" durch den Wald und über Wiesen. Zwölf Touren mit mehr als 160 Herausforderungen stehen zur Auswahl. Tipp: Vorab nach den Öffnungszeiten erkundigen.

Es geht abwärts und in aller Ruhe zurück zum Ausgangspunkt unseres Spaziergangs. Einen letzten Stopp legen wir am idyllisch gelegenen **Brauhofsweiher** ein, der uns ganz nebenbei eine weitere Gießen-Besonderheit vor Augen führt, die der Fünfziger-Vereinigungen. In ihnen kümmern sich seit mehr als 150 Jahren Menschen nach Erreichen des 50. Lebensjahres umeinander und um Anliegen des Gemeinwohls. Wie etwa um dieses kleine Idyll am Schiffenberg. Erstmals legten die Fünfziger 1881–1931 dort Hand an, stellten am Weiher, der sich aus einer von mehreren Quellen am Schiffenberg speist, Ruhebänke auf und einen Gedenkstein. Zuletzt waren es die 1955–2005er, die das lauschige Areal herrichteten.

Vergleichsweise neue Schiffenberg-Attraktion: der Kletterwald.

Auf dem Rückweg begegnen wir wieder der ganzen Schif-

Zu den Stätten, an denen sich die Gießener 50er-Vereinigungen verewigt haben, zählt der Brauhofsweiher.

fenberg-Vielfalt. Hier ein plätschernder Bach und Sonnenlicht, das durchs Laubdach auf das zarte Grün des Waldbodens fällt. Dort Waldarbeiter, die die Schäden einer fast vergessenen Sturmnacht beseitigen, und vom Gegenwind verstärkt der zunehmende Verkehrslärm vom Gießener Ring, der Autobahn. Hinsichtlich der breiten Nutzungspalette nicht zu vergessen, zumal wir nicht bis dorthin gegangen sind: Auch einen **Bestattungswald** gibt es, 2013 eingerichtet auf einer Fläche von zunächst 2,6 Hektar unmittelbar an der Gemarkungsgrenze zum Pohlheimer Stadtteil Hausen hin.

Hinter dem Ring zweigen wir vom Hauptweg ab, umrunden das **Phil II** links herum, schlendern nach einer weiteren Biegung am stadtwärts fließenden Klingelbach entlang … und dem Ausgangspunkt des Spaziergangs entgegen. *Norbert Schmidt*

AKAD. FORSTGARTEN · Info-Angebote: www.lugena.de

GALERIE LOTZ · Info/Öffnungszeiten
www.galerie-auf-dem-schiffenberg.de

KLETTERWALD · Öffnungszeiten/Preise: www.kletterwald-giessen.de

GASTRONOMIE · Öffnungszeiten (Restaurant und Kiosk im Klosterhof): www.restaurant-schiffenberg.de

Service

Wir könnten hier ganz viel Gießen-Empfehlungen in Stichworten geben, wollen aber weder das Rad neu erfinden, noch uns vergaloppieren angesichts der Fülle lokaler Ereignisse und Empfehlungen. Zumal in diesen Tagen der Corona-Turbulenzen ohnehin alles ein wenig drunter und drüber geht. Daher unterlassen wir es bei dieser Erstauflage etwa, präzise Öffnungszeiten zu unterbreiten. Bei Redaktionsschluss war nicht querbeet gesichert zu erfahren, was es beim Erscheinen dieses „Gießen zu Fuß"-Stadtführers (wieder oder noch) geben wird und in welchem Format.

Den „Generalschlüssel" für die meisten Gießen-Türen, hinter die zu schauen lohnt, hält die **Tourist-Information** bereit. Deren Info-Boutique findet sich in der Schulstraße 4 (neben dem Marktplatz, Richtung Theater). Telefon: 0641-3061890. Mail: tourist@giessen.de. Sie arbeitet unter dem Dach der Gießen-Marketing GmbH. Virtuelle Anlaufstelle bei Informationsbedarf ist deren Homepage www.giessen-entdecken.de. Dazu kann man sich, vor allem der Aktualität halber, die „gießen entdecken"-Software aufs Bildschirmtelefon laden.

Inszenierte Stadtführungen sind seit Jahren echte Bestseller.

Das Angebot reicht von klassischen Faltprospekten inklusive Kartenmaterial über Broschüren und Bücher bis hin zu diversen Mitbringseln und Accessoires. Ganz besonderer Beliebtheit erfreuen sich die seit mehr als 25 Jahren unterbreiteten Stadtführungen und unter diesen wiederum jene, bei denen die erklärenden Protagonisten kostümiert daherkommen, Gießen-Geschichte spielend vermitteln. Gar köstlich können sie sein, diese inszenierten Zeitreisen!

AUSGESUCHTE ADRESSEN, TELEFONNUMMERN UND HOMEPAGES:

- Stadtverwaltung/Rathaus, Berliner Platz 1, Tel. 0641-3060, www.giessen.de
- Stadttheater, Berliner Platz. Vvk: Haus der Karten, Kreuzplatz 6, Tel. 0641-7957-60 o. -61, www.stadttheater-giessen.de
- Mathematikum, Liebigstraße 8/Nähe Bahnhof, Tel. 0641-9697970, www.mathematikum.de
- Liebig-Museum, Liebigstraße 12, Tel. 0641-76392, www.liebig-museum.de
- Oberhessisches Museum – Altes Schloss, Brandplatz 2, Tel. 0641-960973-0 o. -13. Leib'sches und Wallenfels'sches Haus, Kirchenplatz, Tel. 0641-3012448. Im musealen Kontext auch von Interesse ist das Stadt-Labor-Projekt: https://stadtlabor.giessen.de/
- Kunsthalle im Rathaus – Ausstellungssaal für zeitgenössische Kunst. Berliner Platz 1, Tel. 0641-3061040, www.kunsthalle-giessen.de. Unmittelbar daneben im Rathaus-EG ist der Hermann-Levy-Saal, der für außergewöhnliche (Musik-)Veranstaltungen genutzt wird.
- Kongresshalle – Berliner Platz 2, Tel. 0641-975110 (Stadthallen GmbH, auch zuständig für vier Stadtteil-Bürgerhäuser). Die zentrale städtische Veranstaltungsstätte mit untersch. Raumzuschnitten; bis zu knapp 1.200 Plätze
- Kultur im Zentrum – im Gebäudekomplex Kongresshalle, Zugang Südanlage 3a. Großzügiger (Kunst-)Ausstellungsraum auf zwei Etagen. Auch Heimstätte für Lesungen des im Haus beheimateten Literarischen Zentrums.

- Literarisches Zentrum Gießen – Verein zur Pflege und Förderung der literarischen Tradition und Kultur der Universitätsstadt und ihrer Region. Südanlage 3a, Tel. 0641-97282517. www.lz-giessen.de
- Kleine Bühne – Kleinkunstbühne (Freie Bühne, „tinko"-Kindertheater u. „English Kellertheatre"). Bleichstraße 28, Tel. 0641-97288480, www.kleine-buehne-giessen.de
- Neuer Kunstverein im (ehemaligen „Max hat's"-)Kiosk-Gebäude am Alten Friedhof, Ecke Licher Straße/Nahrungsberg. Tel. 0178-6604302. Ausstellungen, Veranstaltungen, Publikationen, Exkursionen. www.kunstverein-giessen.de
- Zentrum für interkulturelle Bildung und Begegnung – Soziokulturelle Drehscheibe für Kunst, Kultur und Politik mit Konzerten, Lesungen, Theatervorstellungen, Vorträgen, Kulturabenden, Ausstellungen, Diskussionsveranstaltungen, Erzählcafés, internationalem Frauencafé sowie Workshops und Kursen. Hannah-Arendt-Straße 6–10, Tel. 0641-58779979, www.zibb-giessen.de
- Buchdruckmuseum „Setzkasten", Wellersburgring 10/Burgenring (westl. der Marburger Straße), Tel. 0641-55990145 o. 9502090
- Gießkannenmuseum, Sonnenstraße 3 (am Alten Schloss), Tel. 0641-3062028, www.giesskannenmuseum.de
- Freibäder/Hallenbäder – Badezentrum Ringallee, am Stadtpark Wieseckaue (ganzjährig), Tel. 0641-7081447; Freibad Kleinlinden, Am Sportfeld, Tel. 0641-7081263; Freibad Lützellinden, Schwimmbadweg, Tel. 0641-7081438; Westbad (Hallenbad), Gleiberger Weg 31, Tel. 0641-7081384. www.giessener-baeder.de
- Bahnhof – Reisezentrum DB Gießen, tgl. außer Sonntag / zudem Infoschalter in der Bahnhofshalle, Tel. 0180-6996633 (Hotline DB)
- ÖPNV – Stadtwerke, Kundenzentrum Energie und Nahverkehr, Marktplatz 15, Tel. 0800-2302100. RMV-Mobilitätszentrale/VGO, Neuenweg 5, Tel. 0641-931310
- Info-Center im Bahnhof – gemeinsame Servicestelle von Technischer Hochschule Mittelhessen, Justus-Liebig-Universität Gießen und Gießen Marketing GmbH in der ehemaligen Gepäckhalle (via Bahnsteig 1 oder Schalterhalle). Orientierungshilfe, Wegweiser (In-

Charlotta Ida Maria, Enkelin eines der Autoren, zeigt es schmunzelnd an: Gießen setzt nicht allein auf IT-Information, sondern hält auch haptisch erfahrbare Hinweise zum Stadt-Erleben und -Verstehen vor.

nenstadt, Kliniken, Hochschulen), Ticketvorverkauf, Infos zu Studienangeboten, Veranstaltungen und Tagungen sowie zu touristischen Angeboten, Hotelvermittlung. www.infocenter-giessen.de

- Ökumenischer Kirchenladen – Unmittelbar am Stadtkirchenturm, neben dem Café „Türmchen", unterhalten das Evangelische Dekanat Gießen und das Dekanat Gießen der kath. Kirche eine öffentliche Anlaufstelle mit einem vielfältigen, auch seelsorgerischen Informationsangebot. Während der Öffnungszeiten (siehe: www.kirchenladen-giessen.de) ist auch die Kapelle im Turm für persönliche Gebete zugänglich. Tel. 0641-9698535
- Parkhäuser und -plätze – Soll vorkommen, dass Menschen, die „Gießen zu Fuß" entdecken wollen, mit dem Auto anreisen. In der City sind rund 6.000 Parkplätze ausgewiesen. Parkhäuser finden sich u. a. beidseits des Bahnhofs (insg. 700), am Kaufhaus Karstadt (800), an der Westanlage/Schanzenstraße (560; Tiefgarage, daher im Winter warm), an der Nordanlage/Neustädter Tor (1.100) sowie im und am Rathaus (zus. 620). Größter Parkplatz ist jener an der Ringallee.

Fluss mit Flair, meist an einem Juni-Sonntag

ALLE JAHRE WIEDER
Ein Blick auf publikumsintensive Veranstaltungen im Gießen-Kalender

- Frühjahrsmesse/Herbstmesse, Volksfest auf dem Rummelplatz, Ringallee, je zwei Wochen, März/April und September/Oktober
- Musikalischer Sommer auf dem Schiffenberg, Freiluftkonzerte untersch. Genres, i.d.R. freier Eintritt, meist Mitte Mai bis Juli. Zudem gibt es dort Basilika-Klassik-Konzerte.
- Pfingstregatta an und auf der Lahn, ges. Pfingstwochenende
- Stadtfest, in der Innenstadt/Fußgängerzone, diverse Bühnen, zwischen Selterstor und Kirchenplatz, Freitagabend bis Sonntag, Mitte August
- Straße der Experimente – Wissenschaft zum Anfassen und Mitmachen, Vorplatz am Uni-Hauptgebäude
- Fluss mit Flair, Kunstspektakel, Lonystraße/Löberstraße an der Wieseck, meist an einem Sonntag im Juni
- Lahnuferfest – Musik und Kurzweil entlang des Flusses, Hauptbühne an der Konrad-Adenauer-Anlage, meist im Juni
- Gießener Kultursommer, professionelle Freiluftkonzerte, Klosterhof Schiffenberg, Eintritt, im August

- Krimifestival, spannende Literatur, unterhaltsam präsentiert, oft mit prominenten Gästen, an besonderen Orten, öffentlichen Lokalitäten und in ausgesuchten Geschäften
- Weihnachtsmarkt, in der Innenstadt/Fußgängerzone, zwischen Selterstor und Kirchenplatz, ggf. mit Eislaufbahn, gesamte Adventszeit bis zwischen den Jahren

Darüber hinaus alljährlich ebenso unterhaltsame wie anregende Aktionstage in der Innenstadt, meist mit Sonntagsöffnung der Geschäfte. Themenbeispiele: „Sport in der City", „Liebigs Suppenfest" und „Krämermarkt".

Auf dem Jahreskalender bei der Messe Gießen GmbH (Ausstellungszentrum Hessenhallen südlich der Rodheimer Straße / Weststadt) stehen unter anderem im Januar die Bildungs-, Berufs- und Gründermesse „Chance", im Februar die „BauExpo" (Baumesse), allmonatlich der Hallenflohmarkt „Antik & Trödel" sowie saisonale Ausstellungen. Darüber hinaus Zirkus-Gastspiele, Konzerte und etwa Freiluftkino.

Seit Generationen ein Spektakel: Frühjahrs- und Herbstmesse an der Ringallee.

KNOSSOS: Das Restaurant Knossos liegt an exponierter Lage direkt an der Lahn und bietet einen herrlichen Blick über den Fluss. Es ist ohne jeden Zweifel die erste Adresse für frischen Fisch. Das Lokal wurde schon mehrfach vom „Feinschmecker" ausgezeichnet. Die Vorspeisenplatte sollte man sich hier nicht entgehen lassen. Rodheimer Straße 11.

SÜDWINDE: Klein, aber fein. Das trifft auf das familiäre spanische Lokal Südwinde in der Liebigstraße 11 zu. Es gibt nur wenig Sitzplätze, daher ist eine Reservierung erforderlich. Wer ein Plätzchen ergattert, sollte sich zurücklehnen und einfach die authentische Tapas-Platte wählen. Die Speisen, die von Mutter und Tochter in einer winzigen Küche zubereitet werden, können in Spanien nicht besser sein.

SHEPHERDS: Das kleine Café im Neuenweg hat sich auf Third-wave-Kaffee und vegane Kuchen spezialisiert. Allein die große Siebträgermaschine von Kees van der Westen ist sehenswert. Daraus zaubern die Baristi einen der besten Cappuccinos oder Flat Whites der Stadt.

WOSCHT ANNA: Die Wurstbude ist Kult in Gießen. 1956 wurde sie von Anna Tributh eröffnet und schnell zu einem Teil der Stadtgeschichte. Heute wird sie von Carlos Zach-Zach aus der Metzgerei Zach betrieben. Nach mehreren Standortwechseln steht sie vor dem Badezentrum Ringallee. Das Rezept für die Bratwurst stammt noch immer von Zach-Zachs Opa Willi, der in den 50er Jahren schon die mit ihm befreundete Wurst-Anna beliefert hat.

ISS WAS: Ein neues Geschmackserlebnis hat das Iss was in der Roonstraße in die Gießener Gastro-Szene gebracht. Der israelische Koch verknüpft die Küche seiner Oma mit europäischen und orientalischen Einflüssen. Hummus, Falafel und das israelische Nationalgericht Shakshuka sind die Renner.

SALUMERIA SEDICI: Die Salumeria Sedici bietet vorrangig üppig belegte Schiacciata. Das Street-Food aus Florenz besteht aus einem flachen und knusprigen, gesalzenem Brot, belegt mit Salami, Mortadella, Schinken, Burrata, Gemüse, Cremes oder anderen italienischen Leckereien. Ein Stück Toskana in der Plockstraße.

MAMA OF AFRICA: In dem eritreischen und äthiopischen Restaurant im ehemaligen Schipka-Pass in der Bahnhofstraße geht es traditionell zu. Gegessen wird mit der Hand. Dabei ersetzt das Injerra, ein Brot-Fladen, Teller und Besteck, denn man greift damit zur Fleisch- oder Gemüsebeilage. Neben der ostafrikanischen Küche kann man dort auch eine traditionelle Kaffeezeremonie erleben.

HEYLIGENSTAEDT: Eine der besten Adressen der Stadt ist das Heyligenstaedt im Aulweg. Das Restaurant mit angeschlossenem Hotel ist stilvoll in einem ehemaligen Gebäude der gleichnamigen Werkzeugfabrik untergebracht. Exklusive Küche in Industriekultur-Ambiente zu gehobenen Preisen.

TANDREAS: Das ehemalige Sterne-Restaurant setzt heute auf eine Verbindung aus regionaler und mediterraner Küche und gehört ebenso wie das Heyligenstaedt zu den besten Restaurants Gießens. Dies gilt auch für das zum Haus gehörende Hotel.

CHOCOLATERIE: In der Mühlstraße verwöhnt die Chocolaterie seit 2007 mit Schokoladen und Trüffel, die in der kleinen Manufaktur direkt vor Ort hergestellt werden. Wer die schwere Eingangstür aufschiebt, betritt einen Ort, in dem die Zeit stehengeblieben zu sein scheint. Die geschwungenen Sofas mit Blümchenmuster, das alte Holzbüfett, Schränke, Stühle und Tischchen im Biedermeierstil erinnern an Omas gute Stube. Im Hintergrund läuft sachte Klaviermusik.

SCHLOSSKELLER: Sowohl das Kellergewölbe des Alten Schlosses als auch die an den Botanischen Garten angrenzende idyllische Terrasse sind geeignete Schauplätze für Mittagstisch oder gediegenes Abendessen. Gutbürgerliche badische Spezialitäten.

HAWWERKASTEN: Uriges, vielleicht typisch oberhessisches Gasthaus am Landgraf-Philipp-Platz mit mehr als 100-jähriger Tradition. Lokale Spezialitäten, zum Teil aus der eigenen Metzgerei. Bellschuh (Hackbraten), Wissicher Pann (Eierkuchen) oder Handkäs' mit Musik könnten für so manchen Gießen-Besucher eine empfehlenswerte Neuentdeckung sein.

KÄSEGLOCKE: Erste Adresse für feinsten Käse und ausgesuchte Delikatessen am Lindenplatz. Einer der letzten inhabergeführten Feinkostläden der Region, in dem die Kunden noch von Mitarbeitern in gelben Schürzen persönlich bedient werden. Die Auswahl reicht vom höhlengereiften Gruyère, über extra alten Comté bis zum mit Portwein affinierten Stilton, es gibt aber auch handgeschöpfte Schokoladen, seltene Gewürze oder Jahrgangssardinen aus der Bretagne.

GESCHMACKSVERKEHR: Ideenreiche griechische Küche und eine bemerkenswerte Inneneinrichtung. Ein Highlight der Fußgängerzone.

Käseglocke

Die Autoren

Marc Schäfer lebt im Gießener Südviertel, vis-a-vis vom Hauptgebäude der Universität. Nach einem beruflichen Intermezzo in London zog es ihn 2015 in seine Heimatstadt zurück. Er leitet seitdem die Stadtredaktion der Gießener Allgemeinen und gehört zur Chefredaktion der Zeitung.

Norbert Schmidt lebt in Krofdorf-Gleiberg bei Gießen, seinem Geburtsort. Er war bis zum Eintritt in den Ruhestand 2017 leitender Redakteur bei der Gießener Allgemeinen. In den 2000er Jahren veröffentlichte er u. a. die Gießen-Bücher „Vom Selterstor zum Hawwerkaste'“, „Von der Bratwurst-Anna bis zum Karzentra“ und „Vom Spielwaren Fuhr bis zum Scarabée“ sowie eine Reihe Oberhessen-Bildbände zu Leben und Alltag in den 1950er bis 1970er Jahren.

Dank

Wir möchten an dieser Stelle unseren Co-Autor*innen Christine Littau-Rust, Guido Tamme, Ulla Sommerlad und Burkhard Möller ausdrücklich danken. Ihre Mitarbeit, das Einbringen einer fundierten Gießen-Expertise, macht das Buch vielfältiger, reichhaltiger – einfach besser, als wir, Marc Schäfer und Norbert Schmidt, dies allein hätten schaffen können.

Fotonachweis

dpa (42), GAZ-Archiv (22/23, 25/26, 90, 188, 204, 208), Manfred Henß (35, 112, 137, 172/173, 182/183, 200), Peter Hillgärtner (140), Burkhard Möller (138, 142 (o.), 144, 209), N.N. (150), Marc Schäfer (10, 14–20, 22–24, 33, 35–38, 40/41, 45/46, 55, 59–61, 63–67, 69/70, 78, 81–84, 87, 89, 91, 94, 99), Oliver Schepp (13, 15, 21, 27, 32, 36/37, 39, 43, 45, 47–49, 51/52, 56–58, 68, 70/71, 73/74, 80, 85–87, 90, 97, 100/101, 111, 123, 125, 129, 131, 133), Norbert Schmidt (Titelfoto, 2, 106, 107,109, 113, 114, 115,116, 117, 126 (u.), 130, 132, 134/135, 139, 141, 142 (u.), 143, 151, 154, 155, 157, 158, 159, 161, 162, 164/165, 167, 169, 171, 174, 177, 178, 179, 180, 185, 187, 189, 191, 192, 198, 199, 201, 203, 207), Michael Tembeck (176), #meingiessen (28/29, 62, 72, 88, 102/103, 110, 119,120/121, 126 (o.), 128, 146/147, 175, 194/195)

#MEINGIESSEN - Die Schönheit in und um Gießen zeigen

Viele der in diesem Buch abgebildeten Bilder stammen von dem Projekt #MEINGIESSEN. „Den Menschen die schönen Ecken der Stadt und Region wieder ins Bewusstsein rufen“ ist der Grundgedanke des Projektes. Denn es gibt so viele schöne Orte in Gießen, die einem in der eigenen Stadt im Alltag gar nicht mehr auffallen. Um das zu ändern, nimmt Fabian Hackenberg, der #MEINGIESSEN gemeinsam mit seinem Geschäftspartner Markus Höfler (Helloworld Studios) betreibt, immer wieder neue Blickwinkel ein und fotografiert die schönsten Orte in und um Gießen. So entstehen Bildmotive, die neben dem jährlich erscheinenden #MEINGIESSEN-Kalender, sowohl auf strukturierter Leinwand, hochwertigem Aludibond oder hinter Acrylglas gedruckt, erworben werden können. Hackenberg & Höfler geht es dabei aber nicht nur um die Bilder: „Wir wollen vor allem auch einen Anreiz setzen, dass die Leute wieder mehr die Stadt und Region erkunden“. Der Name spricht dabei für sich. Unter dem Hashtag „#meingiessen“ haben die Gießenerinnen und Gießener schon über 10.000 Bilder ihrer Stadt geteilt. Alle Bilder und Produkte finden Sie im Onlineshop auf www.meingiessen.de sowie bei ausgewählten Einzelhändlern in der Stadt.

Linke Seite: Am Ende des Buches angelangt und den Notizblock nicht leergeschrieben. Auch das wäre ein Thema für den nächsten Seltersweg-Spaziergang: Die Sicht auf die Gießen-Dinge, wie sie Peter Kurzeck in etlichen Werken festgehalten hat – als Schriftsteller und als Maler.

GIESSEN ENTDECKEN

PERSÖNLICHE NOTIZEN

Stadtwerke Gießen

SWG

BUS Liniennetzplan

- 1 Endhaltestelle
- Haltestelle
- Haltestelle nur in Fahrtrichtung
- Linientaxi
- Bahnlinie
- Bahnhaltepunkt